用经典滋养灵魂

龚鹏程

每个民族都有它自己的经典。经，指其所载之内容足以做为后世的纲维；典，谓其可为典范。因此它常被视为一切知识、价值观、世界观的依据或来源。早期只典守在神巫和大僚手上，后来则成为该民族累世传习、讽诵不辍的基本典籍。或称核心典籍，甚至是"圣书"。

佛经、圣经、古兰经等都是如此，中国也不例外。文化总体上的经典是六经：《诗》、《书》、《礼》、《乐》、《易》、《春秋》。依此而发展出来的各个学门或学派，另有其专业上的经典，如墨家有其《墨经》。老子后学也将其书视为经，战国时便开始有人替它作传、作解。兵家则有其《武经七书》。算家亦有《周髀算经》等所谓《算经十书》。流衍所及，竟至喝酒有《酒经》，饮茶有《茶经》，下棋有《弈经》，相鹤相马相牛亦皆有经。此类支流稗末，固然不能与六经相比肩，但它各自代表了在它那一个领域中的核心知识地位，却是很显然的。

我国历代教育和社会文化，就是以六经为基础来发展的。直到清末废科举、立学堂以后才产生剧变。但当时新设的学堂虽仿洋制，却仍保留了读经课程，以示根本未隳。辛亥革命后，蔡元培担任教育总长才开始废除读经。接着，他主持北京大学时出现的"新文化运动"更进一步发起对传统文化的攻击。趋势竟由废弃文言，提倡白话文学，一直走到深入的反传统中去。论调越来越激烈，行动越来越鲁莽。

台湾的教育、政治发展和社会文化意识，其实也一直以延续五四精神自居，以自由、民主、科学为号召。故其反传统气氛，及其体现于教育结构中者，与当时大陆不过程度略异而已，仅是社会中还遗存着若干传统社会的礼俗及观念罢了。后来，台湾朝野才惕然憬醒，开始提倡"文化复兴运动"，在学校课程中增加了经典的内容。但不叫读经，乃是摘选《四书》为《中国文化基本教材》，以为补充。另成立文化复兴委员会，开始做经典的白话注释，向社会推广。

文化复兴运动之功过，诚乎难言，此处也不必细说，总之是虽调整了西化的方向及反传统的势能，但对社会普遍民众的文化意识，还没能起到警醒的作用；了解传统、阅读经典，也还没成为风气或行动。

二十世纪七十年代后期，高信疆、柯元馨夫妇接掌了当时台湾第一大报中国时报的副刊与出版社编务，针对这个现象，遂策划了《中国历代经典宝库》这一大套书。精选影响国人最为深远的典籍，包括了六经及诸子、文艺各领域的经典，遍邀名家为之疏解，并附录原文以供参照，一时朝野震动，风气丕变。

其所以震动社会，原因一是典籍选得精切。不蔓不枝，能体现传统文化的基本匡廓。二是体例确实。经典篇幅广狭不一、深浅悬隔，如《资治通鉴》那么庞大，《尚书》那么深奥，它们跟小说戏曲是截然不同的。如何在一套书里，用类似的体例来处理，很可以看出编辑人的功力。三是作者群涵盖了几乎全台湾的学术菁英，群策群力，全面动员。这也是过去所没有的。四，编审严格。大部丛书，作者庞杂，集稿统稿就十分重要，否则便会出现良莠不齐之现象。这套书虽广征名家撰作，但在审定正讹、统一文字风格方面，确乎花了极大气力。再加上撰稿人都把这套书当成是写给自己子弟看的传家宝，写得特别矜慎，成绩当然非其他的书所能比。五，当时高信疆夫妇利用报社传播之便，将出版与报纸媒体做了最好、最彻底的结合，使得这套书成了家喻户晓、众所翘盼的文化甘霖，人人都想一沾法雨。六，当时出版采用豪华的小牛皮烫金装帧，精美大方，辅以雕花木柜。虽所费不赀，却是经济刚刚腾飞时一个中产家庭最好的文化陈设，书香家庭的想象，由此开始落实。许多家庭乃因买进这套书，而仿佛种下了诗礼传家的根。

高先生综理编务，辅佐实际的是周安托兄。两君都是诗人，且侠情肝胆照人。中华文化复起、国魂再振、民气方舒，则是他们的理想，因此编这套书，似乎就是一场织梦之旅，号称传承经典，实则意拟宏开未来。

我很幸运，也曾参与到这一场歌唱青春的行列中，去贡献微末。先是与林明峪共同参与黄庆萱老师改写《西游记》的工作，继而再协助安托统稿，推敲是非、斟酌文辞。对整套书说不上有什么助益，自己倒是收获良多。

书成之后，好评如潮，数十年来一再改版翻印，直到现在。经典常读常新，当时对经典的现代解读目前也仍未过时，依旧在散光发热，滋养民族新一代的灵魂。只不过光阴毕竟可畏，安托与信疆俱已逝去，来不及看到他们播下的种子继续发芽生长了。

当年参与这套书的人很多，我仅是其中一员小将。聊述战场，回思天宝，所见不过如此，其实说不清楚它的实况。但这个小侧写，或许有助于今日阅读这套书的大陆青年理解该书的价值与出版经纬，是为序。

看这个奇异的世界

罗肇锦

人生的意义是什么？这是最困扰人、最难回答的问题。以儒家的观点说，人生的目标是立身行事，扬名于后，以显父母，也就是"做人"——做一个为父母所喜爱，为当世所称道，为后代所推尊的人。当然，最好是做一个既"立德"，又"立功"，又"立言"的完人。但是，每当中原板荡，干戈四起，生命朝不保夕，社会黑白不分的时候，聪明才智之士所体会出来的生命是——世事一场大梦，人生几度新凉。

所以，消极的人就认为，生为尧、舜、周、孔，或生为桀、纣、盗跖都一样，只要在实质的生活里，可以得到无穷的快乐，就不必顾虑死后的是非毁誉、成败得失了。杜甫说："千秋万岁名，寂寞身后事。"杨朱也说："且趣当生，奚遑死后。"就是劝人别为了往来争荣辱，而把短暂的生命搞得寂寂天欲暮。

这种幻灭的生命所吐出来的心语，便是《列子》一书所包罗的哲思。所以，有人说道家学说是乱世之音，那么，我们不妨从

《列子》中找答案。

道家之书，世以《老子》、《庄子》、《列子》为三大代表，但对生命表现出最达观、最磊落态度的应该属于《列子》。例如他在《力命》篇说："可以生而生，天福也；可以死而死，天福也；可以生而不生，天罚也；可以死而不死，天罚也。"又说："生非贵之所能存，身非爱之所能厚；生亦非贱之所能夭，身亦非轻之所能薄。"从这两段话不难看出他对生命的体悟是何等透彻，或生或死，或厚或薄，都是天命所主宰，尽管人们用尽心力去贵之贱之，爱之轻之，也奈何不了它啊！

人既然无法同天争，便应该依顺自然，乐天安命，求得真正的自我，不要为了空虚的"寿名位货"弄得扰扰攘攘不得休息，也不要像愚公移山、夸父逐日那么不自量力，更不要像杞人忧天、齐景公怕死那么可笑。一个透悟生命的人应该像拾穗老人林类（《天瑞》篇）那样悠游达观能自性自适。陶渊明《神释》诗说："纵浪大化中，不喜亦不惧。应尽便须尽，无复独多虑。"不正是列子的清空哲思吗？

当然，《列子》中，也有些比较神异（如《汤问》篇），比较放纵（如《杨朱》篇）的记载，我们不必用道学的眼光去给予批判，或用科学的精神来加以求证。因为从他的神异表现，正可以看出他对人世的了悟；从他的放纵思想，正可以看出他对礼教的反击。例如公孙朝暮（子产兄弟）的纵欲主义，狂人端木叔（子贡后裔）的现实主义，纯是为了反传统礼教而假托的人物。又如巧夺天工的偃师，造人栩栩如生；替父报仇的来丹，杀人不露痕迹，纯是为了表现真人与假人，报仇与不报仇都是一样而想象的情节。

曾经有人比喻老聃像一尊神，戴人帽，着人鞋，是一篇喜剧。那么列子便是一个浪子，光着头，打赤脚，是一部卡通。这部卡通给观众的感觉是——明知是手画的，却那么清新脱俗，引人入胜。不像有的连续剧明明是真人演的，却那么单调乏味而又俗不可耐。也正因为列子有那么脱俗的心境，所以居郑圃四十年而人不识，藏形众庶之间而国君不知。真是一个默默行脚的浪子，一步一步的脚程，没有怨声，没有疲惫的表情，也没有人注意。

卢重玄在《〈列子〉叙论》中说："有用染溺，凡圣所以分，在染溺者则为凡，居清净者则为道。道无形质，但离其情，岂求之于冥漠之中，辩之于恍惚之外耳？"先了解《列子》的真旨，再去寻求列子御风而行的哲思，才可以达到"虽不中不远矣"的境界。那时，自然会发觉列子是一个随和可亲的凡人，又是一个不染不溺的圣者，是一个孤独坚毅的浪人，又是一个寂寞深思的贤者。不管你用凡人、浪人的眼光或圣者、贤者的眼光去看他，都会使人感到"千里一贤犹如比肩，万代有知不殊朝暮"。

于是，当我走在大街小巷，感到人海茫茫、了无生机时，我会想到吾道不孤，千里外有人与我并肩同行。当我走过陆桥，爬上楼顶，觉得心烦意乱、百无聊赖时，我又想到吾心不枯，因为千古以前有个知音与我同俯瞰人潮汹涌。后来，当我发觉"走在故乡仍有异乡的感觉"时，我也不敢再嗟叹，因为我知道，这种感觉正是列子御风而行的哲思，借着这阵思维，带我去云游朗朗乾坤，带我去看这个奇异世界，使我终于知道这个有情世界原来是一片无情天。

最后，在此说明，原版《列子》书文字不多，所以本书改写后包含了全部内容，可以当一本完整的《列子》书来看。极愿此书能带给同好一点启示，余愿足矣！

目　录

第一章　天瑞

传说盘古开天辟地以后，大地上虽有山川草木、虫鱼鸟兽，但仍没有人类。

于是，天神女娲就掘黄泥掺和泉水捏出一个小泥人，刚放地上，小东西就乱蹦乱跳，呱呱地叫，它的名字就是"人"。

从这个神话来看，古中国祖先的观念，认为一个人的生命是代表天地的神所赋予的，是一个无可知的主宰所造化的。这偶得的生命与个人并无关切，所以不用太固执自己所持有的。因此列子说：你的身体不是你的，是天地的"委形"；你的生命不是你的，是天地的"委和"；你的性灵不是你的，是天地的"委顺"；你的子孙不是你的，是天地的"委蜕"。

既然，生命是天地的一种"自然"现象，就应该让它"自己如此"，不必拿太多的形式去束缚，去戕害。因此，一个人必须锤炼自己，成为"行不知所往，处不知所持，食不知所以"的忘我境界，才能称得上得道。

不生者能生生

古人说："真悲无声而哀，真怒未发而威，真亲未笑而和。"人
与人相处，精诚所至，自能动人，并非装腔作势可以造作出来的。

相反的，"强哭者虽悲不哀，强怒者虽严不威，强亲者虽笑
不和。"这些表现，全在一个"真"字，真诚于内自然会神动于
外，一点也掩饰不得。

列子就是这么真诚的人，他的言行举止，给人的感觉是"平
凡的不平凡"。

由于他的质朴和真诚，所以空有满脑的思想、满腹的学识，
也不轻易表现出来。平日里缄默自持，不与人争，以至于在郑国
住了四十年，仍没有值得称颂的"虚名"。

当然，没有名声的累赘，他也乐得闲云野鹤般地放任东西，
自由自在。当时的公卿大夫也把他看成平凡无奇的土老百姓而已。

这些衮衮诸公，哪里想得到，在列子心里正以"无盛名"感
到安慰呢？他想，土老百姓有什么不好，总比那些峨冠博带、装
腔作势的衣冠禽兽活得更真切、更有意义；更比那些颐指气使，
空喊口号以宰制天下的王侯将相更有爱心、仁心。

然而，好景不常，悠闲自在的日子，终因一场大饥荒而变得
动荡无助。还好，他生平淡泊明志，所以遭此天变仍能沉静自持，
随遇而安。

坦然自适固然可以使一个人忘我，但活生生的衣食却不能没

有。所以列子在无可奈何的窘况下，也想到卫国谋生，顺便了解"国外"的情形，增长自己的见识。

正当他打算离去的时候，一群平日追随在左右的学生们可就慌了。他们深知老师这种云游自适的性格，匆匆一走，不知哪年哪月才能回来。如果不趁此时向老师多学一些道理，以后就"请经"（向老师请教叫请经）无处了。因此，联合要求列子替他们说一说人生大道理，当作临别赠言。

偏偏列子是个不喜欢说空话的人，问了大半天，才莞尔答道：

"诸位想想，老天什么也没说啊！但大自然的变化却那么有秩序，四时运行那么有规律，其实人世间的道理都可以和天地一样不言而喻的，我列御寇还有什么可说的呢？"

尽管如此，学生们还是不肯罢休，有的更拿出旁敲侧击的办法说：

"就算老师没有什么可说，那么以前老师的老师壶丘子林，总会留下一些宝贵的话语吧！"

列子拗不过学生的追问，只得笑笑说：

"其实也没什么！壶丘先生的教导就是不多言而已，一切顺乎自然就可以了。不过，我倒记得壶丘先生告诉我的同学伯昏瞀（mào）人的一些话，不妨在这里随便聊聊！"

下面就是壶丘先生的一段道理：

大自然里有很多奥妙难懂的事，譬如一般的动植物，有的必须依靠别人供给才能生长，就像我们人类，必须靠部分特定食物才能维持生命。而有的动植物即使不用依靠别人也能自己成长，就像沙漠中的仙人掌，那么自足，那么孤傲。

其次，大自然的生灭也是这样，有的从生到死，经过好几个阶段的蜕变，有的自己不起变化，却能使别人因他而变化。所以，不依靠别人的才能延续不断地生活下去，才能不因环境变化而死灭，才能在生存中争取主动，以不变应万变地活下去。

可是，大自然中要靠别人才能生长的动植物，也不能把它压抑下去，仍要任其自然生长，才能使这个世界平衡。对这些靠别人成长变化的动植物，不去阻止它的成长，才不会把这个世界扭曲得不成世界，才不会一切都脱了轨道，失了规律秩序。

因此，生命的规律就是这样，静的有静的功能，动的有动的职分，不能稍有偏失，如此一来，万物都在各尽本分、各司其务的情况下，去生灭，去造化，才能使宇宙生命延续不断。

依循这个"常生常化"的道理去运作，自然事事互相衔接、互相推移而毫无间断。譬如动植物的生灭消长，相生相克，配合得天衣无缝。孩童们常玩"人吃鸡，鸡吃虫，虫吃谷，谷饿人"的游戏，正是一生一克的最好解释。宇宙道理就是那样无时不生，无时不化，生生克克，永无休止。

天地运作，又有昼夜寒暑，有四时变迁，万化而不息，这种不息的生灭，无终无始，无往无返，凝然独立，不可改，不可穷，周行而不止，如月球绕地球有它一定的轨道。

《黄帝书》①上曾说："谷神不死，是谓玄牝（pìn），玄牝之门，是谓天地根，绵绵若存，用之不勤。"（注：见《老子·第六章》）这句话，若要细细追究，会令人头痛，而且永远无法了解它的精髓所在。我们只要从大处着眼，抓住"谷神不死"的原因，以及天地间生生化化而不自知也不为人知的道理，自能由虚灵中得到真机，由"玄牝"中得到"天地根"。

因为山谷空而无物，虚而有神，故能包容，能涵受，又因虚而能容所以不死，而这个生生化化的无极之门，就是天地的起源。

这个"玄牝之门"是万物所滋生的地方，而天地本身却无由而生。所以我前面说"不生者能生生"就是指这个玄牝之门为天地根，它的本源是无来无往、无生无灭的混沌境界。

也就因为无生无灭无来无往，所以能够绵远不衰，历久弥勤，而达到"在天地而天地不知"，"在万物而万物不知"的超然境界。能够把握这个原则以后，自然会觉得，我的生命不是自己的意志所能左右的生命，而是生命本身的生灭，这个生灭与我完全无关。如此推演下去，一切生物都依循着自己的规律生长；依循自己的规律消灭；依循自己的规律产生形体，产生颜色；依循自己的规律死亡，消退。

有了这个秩序以后，自己的聪明才智，自己的能力发挥到了极限时又会自动消灭停息。

以上种种生化，种种形色，种种智勇的消失成长，都是无心造成的，也就因为是无心的，才合乎"不生者能生生"的道理啊！

【注释】

①《汉书·艺文志》，道家有《黄帝四经》、《黄帝君臣》、《黄帝铭》篇，今皆亡佚。其中《黄帝四经》后来在长沙马王堆汉墓出土。此处"黄帝书曰"所录文字见《老子·第六章》，班固注《黄帝君臣》曰："与老子相似"，此处或引自《黄帝君臣》，而文字恰与今《老子》书相同。

万物浑沦而不相离

讲完壶丘先生高妙玄奥的宇宙道理以后，列子又替学生们作更有条理的诠释。他说：

以前圣人谈论自然道理，都以阴阳的变化来统驭天地，用阴阳的相生来解释事理，因此，我们说有形生于无形，那么天地就是从虚无的地方来的。

这虚无有的地方可分成"太易"、"太初"、"太始"、"太素"来说明。

所谓"太易"是指混沌形成之前，一片太虚幻境，凝寂无所见。

所谓"太初"是混沌初成时，阴阳不分，天地间有一团气笼罩着。

到了"太始"的时候，就阴阳有别、品物流行了，那时候，形象清楚，品类不杂，是天地万物形象的开始。

最后是"太素"，是天地赋予万物不同性质的开始，于是有方圆，有刚柔，有静躁，有浮沉等的区别，万事万物各依其形类，各有其性质。这时，虽然天地之气充盈，万物形象性质有别，但大而化之地看来，"气"、"形"、"质"三者，其实是不可分离的，所以我称它为"浑沦"。

"浑沦"是指天地间浑然一气，万事万物虽各有形质但不相离散。在此万变不离其宗的"浑沦"情况下，道是无形的，是看不到的。而人所能看到的只是外表的形象，对内在的造化之道则一无所见，所以我称只知事物外在之别而不明其分别道理的叫"视之不见"。

相同的"浑沦"之下，道是没有声音的，人们可以听到的是稍纵即逝的外发声响，所以我又称无声音可求的道理叫"听之不闻"（注：《老子》第十四章"视之不见名曰夷，听之不闻名曰希"）。

既然"视之不见"、"听之不闻"，那么依循你所能看到的去求道，依循你所能听到的方向去求道，那是永远无法"得道"的。所以说"太易"是一切的本源，是"无气"、"无形"、"无质"的虚幻状态。

把"太易"状态合而为一，由一变为七，七变为九，九变为无穷，无穷又回复为一。这个一是最大也是最小，是一切形变的开始。

于是，清而轻的气向上飘化为"天"，浊而重的下沉变为"地"，中和清浊轻重之气就形成了"人"。可见人是天地交会时一团和气所生的，而万物也由此展开了生机。

天有所短地有所长

虽然天地交会产生了人，但我们也不要把一切功劳归于天地，因为"天地无全功"。相同的，圣人虽然常常以先知喻后知，但也不能把一切智慧都归于圣人，因为"圣人无全能"。

前人说"尺有所短，寸有所长"，天地圣人亦复如此。天有覆盖寰宇的能力，但不能载；地有载动万物的能力，但不能盖；圣人教化万民，万物各有其用，人人各展所长，各取所需，丝毫勉强不得。所以说"天有所短，地有所长"，圣人有所窒塞，万物有所通。宇宙万物就在这种"形有所分，物有其用"的制衡中连绵不断地运行着。

由此说来，能涵盖广宇的不能载动天地，能载动天地的又不能教化万民，能教化万民的不能违背生长通则，而顺从生长通则的不能跳出它的本位，这就是天地间相克相生的一个大循环，使物各有其位，民皆有教化，地有所载，天有所覆。譬如静躁的性情有别，方圆的形状有分。如果依性情的类别分则有静有躁，依整个生克道理看，静躁并不冲突，都是物性的本然。如果依形状去看方圆外表不同，若从道理上推究，方圆都是形状的一种，并没有什么差别。

总而言之，天地间的道理，只有阴阳交错变化，而圣人的教诲，也不外乎仁义的反复应用，而万物的性质，也只是刚柔二字的相辅相济而已。一切照着它的本质去变化，就能各司其职、各行其是而不逾越常度。

所以可以得到一个结论："有生者，有生生者；有形者，有形形者；有声者，有声声者；有色者，有色色者；有味者，有味味者。"而"生之所生者死矣，而生生者未尝终；形之所形者实矣，而形形者未尝有；声之所声者闻矣，而声声者未尝发；色之所色者彰矣，而色色者未尝显；味之所味者尝矣，而味味者未尝呈。"这些都是"无为"的功劳啊！

能够"无为"就可以"无不为"，所以"能阴能阳，能柔能刚，能短能长，能员（同"圆"）能方，能生能死，能暑能凉，能浮能沉，能宫能商，能出能没，能玄能黄，能甘能苦，能膻（通"膻"）'能香"。当然也可以是"无知无能"，可以"无不知，无不能"了。

出于机，入于机

列子说完了他的"天有所短，地有所长"的道理以后，就离开郑国到卫国去了。

到了卫国以后，又开始他云游四海的生活。

有一天，列子正走得满头大汗，忽然发现路旁有一个暴露在乱草堆中的头颅骨，从外形看来应有百年之久了。他不慌不忙、不忧不惧地把它捡起来，拨掉黏着在上面的杂草，拍掉附着在上面的泥土，仔仔细细地端详了一会儿，然后若有所悟地指着头颅骨对他的弟子百丰说："这个世界只有我和你了解生死的道理。就以这个头颅来说吧，我们平日过着养尊处优的生活，自以为很得意很满足，其实说穿了我们的生活和这个头骨静静地躺在乱草堆中又有什么两样，因为把生死看开以后，活生生的人百年以后就是一堆白骨，那么，我们的生命又有什么值得珍贵的呢？"

这种生死的变化是万物都不能避免的啊！至于有多少变化，那就很难说了。只要是一个有生命的机体，就可以在他"化机"的过程中产生无数的新生命，譬如有一种田鸡，俗名叫虾蟆，它们在田里很长一段日子后，就会长出长长的爪而变成鹌鹑[①]。

鹌鹑是一种纯性的鸟，它飞的时候，一定依附着草不敢远离。因为它如果一不小心碰到水，就会变成一种像丝一样的草，而草得到水土的滋养又会变成青苔，如果这些青苔生在洁净高凸的地方就变成车前草。车前草吸取粪土等秽物又会变成乌足草。

乌足草的根经过长久时日以后，就会变成蝎子，而乌足草的叶就变成蝴蝶，蝴蝶很快儿化成幼虫。这些幼虫如果生长在炉灶的下面，就变成像刚脱壳的嫩虫叫作"鸲掇（qú duō）"，鸲掇经过一千日以后又变成鸟，名叫"乾馀骨"，乾馀骨嘴里的唾沫会变成"斯弥"，斯弥又变成"食醯（xī）颐辂"，是醋虫，这种叫食醯颐辂的醋虫也可以从"食醯黄軦（kuàng）"变来，而食醯黄軦是从"九猷"虫所生出来的，九猷虫又是从"瞀芮虫"生出来的，而瞀芮虫是从一种叫"腐蠸"的萤火虫所变来的。

另外有更奇特的化机，听说羊肝丢在地上久了以后会化成一种鸟，叫作"地皋（gāo）"，而马血丢在地上久了会化成鬼火名叫"转邻"，人的血也会变成野火。

从以上各种物类的转化看来，鹞变成鹯（zhān），鹯变成布谷鸟，布谷又化成原来的鹞，如此循环变化，机转不已。甚至空中飞的燕子会变成水中游的蛤，两栖的田鸡会变成逐水草而居的鹌鹑，腐朽的瓜类掉到水里会变成鱼，老而黄的韭菜不去采撷，久了以后会变苋菜。另外，母羊老了长得满脸皱纹就成了猿猴，鱼卵经孵化变成小虫在水中蠕动，这些都是大自然一片化机的奇中奇。

据古书上记载：亶（chán）爰山上有一种野兽，样子像狐狸，而头上长有浓浓的卷毛，名叫作"类"，这种名叫类的野兽，没有雄的，只要一大堆雌的在一起，都会自然怀孕生子，它们就是靠这种"同性恋"繁衍后代的。

更绝的是有一种水鸟叫作"鸃（yì）"，只要雄鸟和雌鸟互相定定地看一眼，就会怀孕而产出小鸃鸟来。另外有一种龟，纯一色都是雌的，名叫"大臂（yāo）"；纯一色都是雄的，叫作"穉蜂"。这两种龟，都是不经交配而能自生小龟鳖，这种生产是靠两性相感而起变化的结果。

上面所说都是动物相感而化的例子，其实人也一样，有许许多多的变化。

在《大荒经》②里有一段记载。

东方海外有一个国家叫作"思幽国"，那个国里分成男女两个集团，男的集团叫作"思士"，他们一辈子不娶妻子。女的集团叫作"思女"，她们也不需丈夫。说也奇怪，他们不经婚配交接，只要像鸃鸟那样，用眼睛互相看看，就自然会感动而生出孩子来。

周的始祖后稷的出生更为奇特。

后稷的母亲姜嫄，有一天到野外游玩，在路上偶然发现地面上有一个很大的脚印，她觉得又惊讶又好玩，便试着用自己的脚去踏在这个大脚印上，比比看相差多少。哪里知道，她刚刚踏上大脚印，全身就仿佛受了什么感动，回来不久，就怀了孕，后来便生下一个小男孩，那便是后稷。

汤的贤臣伊尹的诞生也很特殊。

听说以前东方有个莘国，有一天，一个姑娘提着篮子到桑林去采桑。忽然听到婴儿的啼哭声，于是，她循声找去，发现在一棵空心老桑树里有一个胖娃娃，光着身子正在舞手蹬足地哭叫。那个姑娘就把娃娃抱起来，献给国王。国王就派人察访婴儿的来历，费了好多时日才查出，孩子的母亲原住在伊水的岸边。这个母亲，一天晚上，梦见神人告诉她："春米臼如果出了水，就向东边跑，不要回头看。"第二天，春米臼果然出水了，她赶紧把神向她说的话告诉邻居，一面照着吩咐向东边走，邻居们相信她的话的就跟她向东走，不相信的仍在家里观望，她也顾不了那么多，快步往东走了约十里路程，因惦记着家园和邻居，不知现在如何了，忍不住回头一看，只见家园已成了白茫茫一片，滔滔洪水正朝她汹涌扑来，她正想狂喊，身子就变成了一棵空心老桑树，站在大水中央，抵拒激流，洪水才慢慢在她前面退去。过了些日子，采桑姑娘来采桑时，才发现这棵空心桑树的肚里有一个孩子，经邻人的指证，这个孩子确实是空心树的，又因为孩子的母亲原住在伊水，所以取名伊尹，长大后成为汤的贤相。

既然大脚印可以使人怀孕，空桑木可以生孩子，那么蟨（jué）蛝（蝼蛝虫）虫由湿润之气所生成，醯鸡（醋虫）生于酒中的酸气，就不足为奇了。甚而"羊奚草"可以和"不笋"及"久竹"两种草混合而生出"青宁虫"。青宁虫又生出"程"（程是一种兽，越人称豹为程），由程生马，由马生人，人又返回微生物的"有机体"中。

从这许多"入机"、"出机"的变化中，可以想见，生死变化是不可测的，生于此的或许正好死于彼，那又何必斤斤计较生死的事呢？

圣人明白"生不常存"、"死不永灭"的道理，所以不喜于生，也不惧于死，万形的变化最后都归于不化，因此"万物皆出于机，皆入于机"。

前人说："嗜欲深者天机浅，嗜欲浅者天机深。"就是要我们了解这个天机，才能够不戕害生命，才能够把活生生的人看成和头颅骨没有两样。

【注释】

① 从虾蟆变鹑鹑到老母羊变猿猴，都是先民智慧未开的传闻，列子借这些传闻解释生命的变化，可谓浪漫之大成，不必以今日科学去论它。

② 《山海经》篇名。《山海经》有《大荒东经》、《大荒西经》、《大荒南经》和《大荒北经》。

形影、声响和鬼

前面谈了那么多有机体的"入机"和"出机"，它们之间的因果变化讲起来也很单纯，那就是有因必有果，万化不离宗。就好像"有形必有影"（形影不离），"有声必有响"（声指所发出的音声，响指回声）一样，所以"形动则影随，声出则响应"，我们常说的"影响"一词，就是指要先有"形声"的因，才会造成"影响"的果。

《黄帝书》上说："形动不生形而生影，声动不生声而生响，无动不生无而生有。"也是说明由形体生影子，由声音产生反响，由"无"的变动而产生"有"，那么"无"就成了天地的本源，形体和声音也是万物存在的原因。

万物的形体，不论大小长短，外形上看起来有很大的差别，但最后都要归于无形的，所以天地的久暂和我虽不相同，最后也和我一样都会结束的。世界上人们所说的开始或终了，说穿了只是一种聚散而已，当聚集的时候，可以看到形体的存在，这就是"开始"；当形体消散以后，变得一无所存，那就是"终了"。

然而，聚集时必须以实质的形体为根本，而离散时也要以实质的形体为标准，否则只以外在的多少来衡量，是无法真正分辨出它是"聚集"还是"离散"，当然也无法知道它是"开始"还是"终了"，于是"聚集"和"离散"就相为终始，最后给人的感觉是"无终无始"。

这样说来，天地间的道，无所谓开始，也无所谓结束了，因为开始时一无所有，结束也无穷期，所以，目前可知的生命最后又将归于空无，目前有形的本体，大限到时也会化为乌有。我们前面说"不生"并不是本来就没有生命，我们所说的"无形"也不是本来就没有形体，而是说生命是由"有生"返于无生，由"有形"变于无形，这样存亡往复变化不一，并不是始终不变。

生命有它的终结是合乎自然道理的，糟的是到了要终止时却不能终止，要出生时却不能出生，那就违背了终始之道了。所以说，要来的终要来的，挡也挡不住，要去的终会去的，拉也拉不回，如果有人不自知，想违背这自然天数想求长生不死，那是最迷妄最无聊的事。

人的精神是由天所分化的，人的骨骸是由地所分化的，属于天所分化的，自然像天一样清轻而离散，属于地所分化的，自然也像地一样浊重而聚集。如果精神与骨骸不能合一，天分的归于天，地分的归于地，各反其本，各归其真，这就不是人，而叫作"鬼"了。

"鬼，归也。"

王充《论衡·论死》说："人死精神升天，骸骨归土，故谓之鬼，鬼者归也。"《风俗通》上也说："死者澌也，鬼者归也，精神消灭，骨肉归土也。"这样说来，死只是归回到渺茫的太虚之域，也就是所谓"归其真宅"，因为人生只是天地一逆旅，百代一过客！而人汲汲营营忙碌一辈子，最后还是要回到他的"真宅"——坟墓里啊！

如果把人从生到死，分成四个部分，这四个时期，就有四种大变化：婴孩，少壮，老耄（mào），死亡。

婴孩时，血气初成，专志凝神，调和天机，所以外物无法影响他的血气，道德礼教无法左右他的心志，他所表现的是一片赤子情怀，纯任自然。

少壮时，血气飘逸，欲念杂起，顾虑烦多，所以血气常因外物而浮荡不定，心志也常受道德礼法所左右，赤子时的纯厚道德早已衰歇，所表现的是一片竞争的机心，冲突不已。

到了老耄年龄，血气已衰，那时的欲念和思虑，比起壮年稍微缓和，世俗的道德礼法也对他起不了很大的作用，因为他没有竞争的雄心，周遭的环境无法影响他的心志了，这时的心境虽不如婴儿时那么纯任自然，但也比少壮期真纯多了。

至于死亡变鬼时，一切归于静止，变成一无所知的鬼，那时生命好像又回复到原始的虚无状态。

说到这里，我们不妨拿孔子所提出来的三大戒来作个比较。他说："少之时，血气未定，戒之在色；及其壮也，血气方刚，戒之在斗；及其老也，血气既衰，戒之在得。"

从列子的四变和孔子的三戒，很清楚的可以看出道家（列子）是浪漫的，所强调的是血气的盈虚、心志的聚散；而儒家（孔子）是执著的，所强调的是血气的影响、人事的转变。所以儒家以为君子一生历程有戒色、戒斗、戒得，而道家却认为不论血气心志，最后都归于死灭渐尽。

生为徭役，死为休息

有一次，孔子去游泰山，在鲁国一个叫作郕（chéng）的村子里，遇到了那个向来乐天安命的荣启期在村郊到处闲逛。只见那荣启期，穿着鹿皮大衣，腰间系着一张琴，一面弹一面唱，显出一副快乐自适的样子，孔子忍不住问他说：

"你怎么这样快乐呢？"

荣启期回答说：

"我的快乐很多，你听我慢慢道来。首先，天生万物中，人类是最尊贵的，因此被称为万物之灵，而我有幸生为人类，这是第一件快乐的事。其次，男女的差异在于男人尊贵女人卑下，而我有幸生为男人，高高在上，这是第二件高兴的事。再来，人的寿命不同，有的刚出生还没有睁开眼睛就死了，有的还在襁褓中就夭折了，而我已经活到九十岁，仍然健在，这是第三件快乐的事。至于贫困的生活，在一般读书人看来是极平常的事，而死亡也只不过是人生一个终点的到达而已。我平日里能把贫困看淡，把死亡看开，哪还有什么值得忧心的呢？"

孔子听了很佩服地说：

"真是一个懂得处理生命的了不起的智者啊！"

又有一次，孔子在卫国的路上，遇到一位叫林类的隐士，那时他已是一个年近百岁的老人了，在春暖的时日还穿着冬天的皮裘，在收割完了的田里，拾掇被遗弃的稻穗和谷粒，一面唱一面工作。

孔子看到这种情景，感动良久，然后回头对弟子们说："那个老人很奇特，像是值得向他请教的长者，哪一个去跟他谈谈？"

子贡自告奋勇前往试试看，就走到田埂的尽头，等候老人，一见他就叹息着问道：

"老先生，您年纪这么大了还要辛苦地拾稻穗，不觉得很可怜、很委屈吗？"

林类装作没有听到一般，看都不看他一眼，继续拾着稻穗，唱着歌。子贡觉得情况不妙，立刻向他赔不是，然后缠着他追问，林类才抬起头来回答说：

"我有什么可怜，有什么委屈呢？"

"我想您老先生，一定年少时四体不勤，放任偷惰，壮年时又不努力经营，所以年纪一大把了，还没有妻子儿女，眼看寿命就要结束了，还有什么值得你这样快乐，一边拾穗一边唱歌呢？"

林类听了笑着说：

"我快乐的原因很简单，在每一个人身上都找得到，但人们却引以为忧。你想想看，假如我不是年少时多保养自己不使体力透支，壮年时少与人争夺，保存元气，我能活到今天这么大把年纪，身体还这么健康吗？而老年也正因为没有妻子儿女，可以来去自如，一无牵挂，纵然死了，也没什么放心不下的，所以我仍这么快乐，这也就是乐天知命的道理。"

子贡接着替自己抢白说：

"希望长寿而不愿死是人之常情，而您老先生却以死为快乐，这可把我搞糊涂了。"

林类说：

"死和生只是生命的轮回，一死一生，一往一返，说不定在这个世界死去，正好在另一世界诞生，究竟哪一个世界好，那很难说，又何必汲汲营营为这短暂的生命自讨苦吃，说不定我现在死去，会比继续活下去更快乐呢！"

子贡听了，更是迷糊，只好回去告诉孔子。孔子批评说：

"果不出我所料，这老先生是值得和他谈一谈的，但从他的回答分析，他对生死的道理，还不能说已经了解透彻了。"

这时，子贡对求学失去了信心，感到有点畏怯，又有点心烦，于是告诉孔子说：

"读书求知真累人哦！我想暂时不念书，好好休息一阵子。"

"人只要活着就无所谓休息。"孔子立刻回答。

"这么说来我是没法找到休息的地方了？"

孔子很神秘地笑着说：

"有的！有的！你只要张大眼睛看看那空旷的坟场，那深深的草木，突兀如割，那高高的冢坟，排列如隔，你就明白哪里可以找到休息的地方了。"

子贡听了，无可奈何地说：

"哦！原来活着没资格谈休息，死了才能休息，那这个死真太伟大了。君子应心地坦然地等着死的到来，好好休息一阵，而小人也可因为死去而没有了贪得之心。"

孔子说：

"看来你是了解了，这就是'生为徭役，死为休息'的道理啊！一般说来，每个人都只想到活着的快乐，没有考虑活着也有比死痛苦的情形；只知道老年疲惫多病，不知道年老时也有比年轻时还要解脱的轻松；只知道死亡的可怕，而不知道死亡是一种难得的休息。"

晏子对死的处理也曾经发表过宏论。他认为，古时对死都有很好的观念，认为死对一个平日修身慎行、仁德待人的人来说是一种休息。因为死是一种解脱，不必天天怀着戒慎忧惧，唯恐失德的心情。而死对一个贪得无厌的小人来说，却使他平日的贪欲放肆找到了一个收心的所在。

死，就像找到了归宿一样，所以古人称死人为"归人"，如果这句话没有错，那么生人就可以称为"行人"了。如果一个活着的人只知"行"而不知"归"，就容易迷路，回不了家，人们都会因此而谴责他。

然而，现在天下人都迷失了自我，回不了家，却没有人发现这是不对的事。

再放眼看看，有些人，离开家乡，背叛亲人，荒废家业。游侠四方而不知返家的，大家都骂他狂荡。而另一些人，看起来敦厚贤能，却一味地夸张，提高自己的名声，而不知收敛，大家反而称他为智谋的贤士。其实上面这两种人都失去了本心，沉溺了自己。而一般人只知骂离乡背井不返家的人狂荡，不会骂丧失本心而不知返的人。

总而言之，能够真正了解这些道理的，恐怕只有圣人了。

贵虚的原因

有人问列子：

"你为什么推崇'虚静'的道理?"

"举凡名声受人推崇，都是得力于夸耀自己，隐讳别人，如果一个人懂得'虚静'的道理，就可以有无两忘，万异同一，也就不会想到名声的贵贱问题，所以我推崇'虚静'。"列子说了一阵，觉得不够明白，又继续说：

"但是，与其拥有不切实际的尊贵名称，不如安静下来，想想谦虚宁静的可贵，自能有所领会。所以'虚静'的道理可以使人心灵安稳，不至于像一心一意在争取、在强求的人，为了委曲求全，而弄得迷失了自己。因此凡做一件事情，不知虚静自守，等事情迷乱到无可救药了，才毛毛躁躁地搬出仁义来企图补救，那是永远无法恢复旧观的了。"

接着他又举一个故事，说明虚静的重要。

《庄子》上有一个故事，臧和谷两人的羊走失了，其中一人因此情绪浮躁，自甘堕落，天天以赌博游戏来麻木自己。另一人则虚静自持，改为读书自解，这两人产生的后果好坏不同，但原因都起于走失了羊。如果一个人遇到外在变化不能虚静自持，就容易弄得像臧、谷两人的下场，差别那么大。

顿进？渐进？

生理学家说："人体细胞七年一换。"但人们毫无知觉，因为它的新陈代谢是像滴水穿石一样，逐渐改变的。

粥（yù）熊说："天地运转不止，其实它在慢慢改变而我们不曾察觉而已。天地事物的消长，都是相对的，此处损减的自会在他处得到补偿；此处有所得，他处必有所失，就好像河川干涸了，山谷流失了，一定也有小山被冲平，深渊被填满。这样一增一减，一盈一亏，随生随死，往来相接，没有断续，我们往往因为这些增损变化是渐渐的，忽略了它，而误以为没有变。

"天地间的气是渐渐形成的，所以感觉不出它的动力，万物的形体也是渐渐亏耗的，所以感觉不出它的减损。譬如一个人从生到死，无论面貌、智能、形态，天天在变化，皮肤、指爪、头发也随时生长，随时凋落，毫不间断。整个一生，从初生到老死，分分秒秒都在细微地变化着，等我们可以察觉出的时候，已经和初生时差别很大了。"

杞人忧天

杞国有一个人老担心天会塌下来，无处躲藏，难逃一死，于是整天忧心忡忡，弄得睡不着觉，吃不下饭。

他的一个朋友，为了替他排解忧虑，就特地去劝慰他说：

"天只不过是大气所聚积而成的，这种气充塞在任何地方，所以我们身体屈伸、口鼻呼吸等日常行为，都是在天地大气之中所做的。这样的天还会有塌下来的危险吗？"

"就算天是气所聚积而成的，那么，日月就无所依附了，怎么不会坠落下来呢？"

"日月星辰也是积气形成的，所不同的是带有光亮而已，纵使坠落下来，也不会造成伤害。"

"但是，如果地裂开了怎么办呢？"

"地不过是一块块的土积起来的，土块充满四野，没有一处不被包涵，我们走路，跳动，日常的一切作为，没有一样不是在地上做的。这样的地为何还担心它会裂开呢？"

杞人听了才释然于怀，转忧为喜。他的朋友因劝慰成功而非常高兴。

长庐子听到这件事，就嘲笑他们说：

"虹霓、云雾、风雨、四时，都是堆积在空中的气所产生的变化。山岳、河海、金石、火木，都是堆积的土石所形成的。既然天地是气聚积而成，是土块堆积而成，那怎能说它不会损坏呢？诚然，天地是宇宙万物中最大的，其体积之大，几乎到了无穷无尽，难以测量，难以了解的地步，杞人因此而担心它会损坏，未免考虑得太远了。如果说它不会毁坏，也未必正确，天地是宇宙万物之一而已，不可能不会崩裂，那么担心它崩裂也没什么不对。"

列子听到这件事，也嘲笑说：

"长庐子认为天地会损坏，那是极大的错误，而说天地永远不会坏也是错的。其实，天地会不会毁坏是我们无法知道的，如果不会损坏，那最好不过，我们可以安心终老，如果会崩坏，那也是崩坏时的事，离我们太遥远，也没什么可担忧。我们活着时，不知死后的事，不必考虑死后的情形，我们死了以后也无法了解活着的情形，也不会想活着的种种，未来的不知过去的，过去的不知未来的，那么会崩坏或不会崩坏，又何必放在心上呢？"

捡来的命，偷来的富

舜问群臣："天地间的道可以据为己有，按自己的意思去施行吗？"

"连你的身体都不是你的，你怎么照你的意思去做呢？"

"如果我的身体不是我的，那么是谁的呢？"

"你的身体是天地暂时赋予的形体；你的生命不是你的，是天地暂时调和所产生的；性灵不是你的，是天地暂时顺遂所产生的；子孙不是你的，是天地暂时蝉蜕所产生的。一个透悟生命的人，必须对自己抱持'忘我'的心态，才能走遍天下左右逢源，而忘了自己身在何方；处世为人，得心应手，忘却自己所持有的方法；乐天知命，饥食饱厌，忘了自己为生而食。生命既是天地偶然的状态下生成的。而天地是由一种阳刚之气所凝聚而成，无形无身的，不死不终，所以天地所产生的生命又怎能据为己有呢？"

齐国有一个姓国的大富人家，宋国有一个姓向的贫穷人家。穷人特地从宋赶到齐，请国氏告诉他致富的方法。

富人国氏说：

"我的致富，全靠我懂得偷盗技巧，而且一年比一年进步。我开始偷窃以来，第一年刚好够维持生活，第二年就很富足了，第三年已有不少积蓄。从此以后，我就把余财施舍一些给乡里人，使他们都很爱戴我。"

穷人向氏听了大为高兴，以为他可以如法炮制，三年必然可以变成富翁。但他只听到国氏说偷可以致富的话，并没有搞清楚怎样偷，就毛毛躁躁地去翻墙头，凿壁洞，大偷一番。凡是看到可以拿到的东西，都不轻易放过，真个是狠狠地干了一大票。

没多久，失手被捕，人赃俱获，向氏没法抵赖，结果被控偷窃之罪，全部财物都被抄没。向氏自以为既倒霉又可怜，于是把一切怨怒都发在国氏身上，认为国氏欺骗了他。

向氏怒气冲冲地去找国氏理论。

见了国氏，国氏笑着问：

"别来无恙，近来过得不错吧？"

向氏只好把失手被捕的实况告诉国氏。国氏说：

"唉！你没搞清楚怎么偷就贸然下手，当然会出事，现在我告诉你我的偷法，你认真听好。我曾听老人家告诉我，春夏秋冬四时变化可以带给我们财富，所以我就偷取这个天时变化，偷取雨水的润泽，来栽种五谷，又利用泥土器物建墙筑舍，使米谷可以收藏，人可以安居。此外，在陆地上偷取禽兽，在河水中偷取鱼鳖。计算起来种五谷、建房舍、猎禽兽、捕鱼鳖，无一不是从天地间偷来的。这些东西，都是天生的，偷取天生的东西不会惹祸，可以保持长久富有。至于金玉珠宝、米谷布帛等货财是属于私人所辛苦挣来的家私，连天都没办法拿来给你，何况你没有天大的本领，却去偷它，失手被捕而判罪，您又怨得了谁呢？"

向氏听了更为迷惑，以为国氏再度骗他，于是一声不吭地走了。

半路上，向氏遇到东郭先生，就问他这件事的道理。东郭先生只好一五一十地开导他说：

"连你的生命都可以说是偷来的，那是偷取天地之气，阴阳调和而产生的。而你平日生活所需的一切外物，也无一不是取之于天地。因为天地万物本来是一体而不相离，如果横夺他物据为己有，那是天大的昏惑。老子曾说'吾所以有大患为吾有身'，如果能把形骸与万物齐一看待，那么你不偷也拥有万物，而你刻意去偷得了万物，自己也一无所有啊！而国氏所偷的是天地的公产，那是一种'公偷'，并不妨害他人，所以不会惹来祸灾；而你偷的是他人的私产，侵占他人的利益，所以会遭受惩罚。话说明白些，老把公的私的分得清清楚楚的人，和小偷没什么两样。

而一心认为自己不分公私的人，带有勉强去私为公的心理也和小偷没什么两样。因此，公公私私是天地之理，知道天道的至理，哪里还分得出谁是偷窃，谁不是偷窃。"

第二章 黄帝

华胥之国

黄帝即位十五年以后，很高兴天下的人都拥戴自己，没有什么可担心的了，于是转移精神，致力于养生。首先，他尽情于耳目口鼻的享受，结果，不但不能满足心意，反而弄得精神憔悴，皮肤黝黑，甚至喜怒哀乐怨等五情，也搞得昏惑迷乱。

于是，他改变做法，把全副精神用在治理国家上，天天担心天下不能治好，所以，更竭尽心力为百姓操劳，结果精神更憔悴，皮肤更黝黑，五情更昏乱。

在一筹莫展的情况下，黄帝就很感叹地说：

"唉！我的做法一定是操之太急了，我只注重保养自己，要不然就太操劳自己，所以心胸永远不能开朗。"

想了又想，然后决定把政事搁在一边，离开豪华的寝宫，遣走服侍的仆妾，撤走幽雅的钟鼓，减少美味的饮食，隐居在宫廷角落的馆舍，摒除杂念，聚精会神地调养身心，三个月中都不处理政事。

有一天，黄帝正午睡时，做了一个梦，梦见自己到华胥国游历。

这个华胥国远在弇（yǎn）州的西方，台州的北方，不知道离中国①有几千万里，所以不是车船或徒步可以到达的地方，唯有精神恍惚时才能去神游一番。

在华胥国，没有领袖，没有长者，一切都听任自然。那里的百姓也没有什么欲望，大家都顺着自然生活，不知道生的快乐，也不知死的可憎，所以也没有"夭折"、"早死"的忧虑。他们不分什么是该亲近的，不分什么是该疏远的，所以也没有喜爱或憎恶的分别。平日里，也不知道哪些该违逆，哪些该顺从，所以也不会产生利害的念头。并且因为没有什么值得爱惜，所以也毫不畏惧，毫无禁忌。

因为无所畏忌，所以没在水里不会沉溺，进入火中不会炙热，砍他打他也不会受伤，抓他搔他也不痛不痒。飞在天上如走平地，睡在空中好像卧在床上，云雾不能遮住视线，雷霆不会扰乱听觉。事物的美丑不会使他动心，山谷的险峻不会使他跌倒。总之，一切多么神妙、超脱、自由自在。

黄帝醒过来以后，心有所悟，觉得非常快乐。于是把天老、力牧、太山稽三个大臣召到跟前，告诉他们梦中的情境，然后说：

"我避居三个月，全心全意地调养身心，想要找出养生治世的方法，结果没有得到方法，却因太疲倦而睡着了，才做了这样的梦。梦醒以后，我才了解，真正的'道'是不能用思索去寻求的，反而可以在梦中无意得到，所以我迫不及待地告诉你们，与你们分享。"

又过了二十八年，黄帝把天下治理得很好，简直就像华胥国一样。不久，黄帝驾崩，百姓十分敬仰他，所以二百多年间仍然以黄帝称呼他。

列姑射（yè）山②，在海河的沙洲中，山上有神仙居住，他们平日吸风饮露，不食五谷，心境像山泉一样的清澈宁静，外貌看起来就像少女一般的天真端庄，平易和蔼。他们相处不狎昵不亲爱，却人人各尽其职，各守本分；不恐惧，不发怒，却人人诚心相待，没有君臣之分，没有尊卑之别，不施予不受惠，却各自满足；不聚财不敛物，却不缺乏用度。阴阳调和，日月光明，四时和顺，风雨如常，因此生儿育女，顺生顺长；年谷收成，丰富有余。土地肥沃没有灾害，人心善良，不戕不害，物类齐长而无病害，鬼神安居而不显灵作怪，正是黄帝所向往的仙境。

【注释】

① 原文是齐国，齐，中也，指中国。

② 出自《山海经》。

列子御风而行

列子拜老商氏为师，与伯高子为至交好友，尽其力学习他们的技能，学会了凭虚御风后，就很高兴地"乘风归来"，造成了一时的轰动。

尹生听说列子学了绝技回来，就跟随着列子，想向他学"御风而行"的道理。于是住在列子家很认真地做各项事情，连家都没有回去。几个月里，凡是遇到列子空闲的时候，就缠着请教他"御风而行"的技术。但是，要求了十多次，列子都没有理他。尹生心里怨恨，只得向列子辞行回家，列子也没有说什么就让他回去了。

尹生回到家，住了几个月以后，心里后悔，于是再到列子那儿，要求继续拜他为师。列子说：

"你怎么来了又去，去了又来？"

尹生说：

"以前我向您请教，您什么都没告诉我，我心里觉得很纳闷，所以我就回去了。可是这段日子，我忽然有所领悟，知道自己太急切，太鲁莽，所以我又回来了。"

列子说：

"以前我认为你很通达，所以不跟你多说，但自从你走后，我才知道你有所闭塞，不开导你是不行的。来！你坐下来，让我告诉你，我以前怎么向我的老师求教。"

列子继续谈他拜师求学的经过：

"自从我拜老商为师，拜伯高为友以后，经过三年时间的磨炼，变成心中不敢有是非念头，口里不敢说利害得失，才勉勉强强赢得老商多看我一眼而已。五年以后，我又变成另外一种心念是非、口言利害的心境，才勉强博得老师会心一笑。经过七年以后，已经达到从心所念而无是非对错，随口所言而无利害得失了，老商才要我跟他并席而坐。过了九年以后，任由我心中所想、口中所说都不会涉及是非利害了。那时，不知是非利害，也不知老商是我的老师，不知道伯高是我的朋友，但觉内外如一，通体光明，可以把眼睛当耳朵，耳朵当鼻子，鼻子当嘴巴，都没有差别。于是心神凝聚，形体消释，骨肉融化，好像身子所依附的是木干，脚上所踏的是叶片，不知不觉，随风飘浮，忽东忽西，最后我也分不清楚是"风乘我"，还是"我乘风"了。而你现在拜在我门下为弟子，还不到一个时辰，就怨愤不满起来，在这种情形下，你身体的任何部分，天地之气都不会接受，四肢任何部分都无法载动，那你又怎能飘浮起来呢？不能飘浮就永远无法'凭虚御风'啊！"

尹生听了很惭愧，屏息呆立良久，再也不敢说话了。

不射之射

列子为表现他的技巧给伯昏无人看，所以搭箭拉弓，然后放一个装满水的杯子在手肘上射箭，箭射出去，立刻又射第二支，连续数箭都射中目标，而手肘上的杯水一滴都没有溅出。列子专心的样子就像木偶一样。但伯昏无人却说："你刚刚表演的只是射箭技巧，根本还没达到浑然忘我的高超技能，让我们找个时间，到高山那儿，站在危崖上，面对百丈深渊，如果你还能射发如一才是真功夫。"

于是伯昏无人就和列子登上高山，站在危崖上，背对百丈深渊，脚跟悬在空崖中，然后向列子鞠了一躬，请列子射箭。

列子看到这种情况，早就吓坏了，伏在地上，一动都不敢动，紧张得汗都流到脚跟上了。伯昏无人说：

"一个真正会射箭的人，可以上窥青天，下潜黄泉，拿起箭来，放纵自如，神色不变，这种射法叫作'不射之射'，而你现在竟然心里紧张，眼神不安，怎么有资格谈射箭呢？"

不死之术

晋国的范氏有一个儿子叫子华，平日喜欢结交一些侠客，并供给食宿，在国人心目中颇有名气，晋国国君也因此很宠爱他。虽然没有做官，他的威望却凌驾三卿之上，凡是他看中的人，都可得封爵；他所嫉视的人，必受罢黜，出入他的宅院的人，多得像上朝的百官。子华平日放纵那些侠客相互斗智斗力，即使杀伤了人，他看了也毫不在意，从早到晚都做这些斗狠的游戏，引以为乐，以至于晋国遍布这种斗智斗力的风气。

范氏有两个上客，禾生和子伯。有一次，两人到野外游逛，夜晚住在一个名叫商丘开的农夫家里。

半夜里，禾生和子伯两人谈论到子华的威势时，说子华可以使生者死，死者生，富者贫，贫者富。这些话被躲在北窗下的商丘开偷听到了。他原本出于贫寒人家，听了这些话就大为动心。于是向人借了粮食，扛着畚箕，去投靠子华。

子华的门徒都是世族人家，穿丝绸，乘大车，昂首阔步，骄傲自恃。看到商丘开年老力衰，面目黝黑，衣冠不整，根本不看在眼里，甚至捉弄他、欺骗他、推他、打他，极尽凌辱之能事，但商丘开并不因此而生气。所以日子久了，门徒们也就懒得再侮辱他了。

后来，他们和商丘开一起爬上高台，对商丘开开玩笑说：

"谁敢从这里往下跳，就赏他百金。"

大家都在旁边鼓噪怂恿。商丘信以为真，就不顾一切，率先跳了下去，宛如飞鸟一样轻快飘逸，着地以后立刻翻身立起，肌骨毫无损伤。范氏的门徒以为他是侥幸，不值得奇怪，所以指着河中弯流水深的地方，对商丘开说：

"这里水底有珠宝，敢潜水进去的人就可以得到它。"

于是商丘开又毫不迟疑地跳进河里，潜入水中，不一会儿，就看到他浮出水面，手里果然拿着珠宝。这时大家才面面相觑，觉得蹊跷。从此以后子华就厚待他了，供给他美食华服，让他加入上客的行列。

不久，范氏的仓库发生火灾，子华说：

"谁要是能进入火中把库里的绸缎抢救出来，就统统赏给他。"

商丘开毫不犹豫，在大火中从从容容地进进出出好几趟，把绸缎——搬出来，而烟熏不倒他，火烧不焦他。所以范氏的门徒都以为他是个会道术的人，大家争着向他道歉说：

"我不知道你是会道术的所以才敢欺骗你，不知道你是一个神人所以才敢侮辱你。"

"你真会愚弄我，害我在你前面变成傻瓜，变成瞎子一样，不知真人就在前面。"

"请告诉我你的道术好吗？"

商丘开说：

"其实我根本没什么道术，连我自己也不知道是怎么回事啊！不过有一点倒可以告诉你们。从前你们之中有两个人曾经投宿我家。我听他们说，范氏的威势可以使生者死，死者生，富者贫，贫者富，我信以为真，所以不远千里来到这里。来了以后，我也认为大家说的都是真的，我唯恐自己相信得不够真诚，做得不够努力，所以当时根本没有考虑到自己的身体、自己的生命利害。我只是专心一意，心无杂念就去做那些事而已。然而，现在我已经知道你们在骗我，我的心里已有怀疑的念头，必须留心听，注意看，处处防备别人，这样就会分心分神，无法专注。回想以前所做的事，虽然当时没有受伤，现在想来，真是令我胆战心惊，如果再要我进入水火中，已经是不可能的了。"

从此以后，范氏的门徒在路上遇到乞丐和马医，也都不敢再轻视侮辱他们，一定下车和他们打招呼。

孔子的弟子宰我听到这件事，就告诉孔子。孔子说：

"你不知道吗？完全信任别人，不怀疑别人的人，就会感动万物和天地鬼神，纵然走到宇宙尽头，也没什么阻碍，何况只是踏入危险的地方，进入水火之中而已。商丘开连假的事情都信以为真，而没有阻碍，何况对方和自己都有诚心时，更不用说了，希望你好好记住这点。"

养虎之法

周宣王的牧正[①]有一个仆役叫作梁鸯。他善于驯养野性的飞禽和走兽，只要在他的庭园里饲养以后，纵然像虎狼雕鹗（è）之类的猛禽猛兽，也无不变得温驯可爱。所以他的庭园里，各类飞禽走兽，雄雌杂居，繁衍成群，都不会互相扑击吞噬。

宣王非常欣赏他这种技术，担心他死了以后，没有人接传，所以命毛丘园向他学习，以便传承他的特技。

于是毛丘园就拜梁鸯为师，但梁鸯却告诉他说：

"我只是一个低贱卑微的仆役而已，没有什么技术可以教给你，但我又担心君王误认我有所隐瞒。所以，我只能告诉你一句话，我养虎的方法是——顺之则喜，逆之则怒。这个特性是所有动物的本性，然而，一般动物的喜怒难道是随便发生的吗？不是的。一定是违背了它的本性，侵犯了它时才会发怒的。一般养虎的人，喂食物时，都不敢把活生生的动物给它吃，原因是怕它杀动物时激起愤怒；也不敢把整只的食物给它吃，怕它在撕裂时激起愤怒。应该趁着它饥饿时适时给它食物，使它满足而不发怒。老虎和人是完全不同类的，能够使它顺从，完全靠依其本性去满足它，而不要用杀戮激怒它。虽然我不敢违背它的本性冲犯它，我也不敢为了顺从它太骄纵它，使它太高兴而转为发怒啊！凡是太违背或太放纵都没有弄清楚老虎的本性。所以我和这些禽兽相处，都没有顺逆之心，那么它们就把我看成和它同类，所以在我的庭园中生活的禽兽，都过得安和适性，不会想回到森林或旷野中去，住在我的庭园里自得其乐不愿回到深山幽谷，这完全是使它们各得其性而相安不相残的原因所在。"

【注释】

① 牧正是古时管理禽兽的长官。

操舟之妙

颜回问孔子：

"我曾经想渡河，却苦于河水太深没法渡过，正好有撑船的人，用很神妙的技术在划船，于是我问他，划船的技术可以学吗？他说可以，向懂得游泳技术的人请教，因为善于游泳的人，了解水性，其他连带的技术也都会。我又问他，一个会潜水的人如果不曾看到过船，可以拿起桨就会划船吗？那个人不肯回答我，不知道是什么原因？"

孔子说："一个会游泳的人可以教你操舟，是因为他已经熟于水性，不把它当成一回事。而非常擅长游泳的人会好多水中的技能，那是他在水中时，动作纯熟得几乎忘了他是在水中啊！至于会潜水的人不曾看过船也会操舟，是因为在他眼里，深渊好比山陵，翻船好比覆车，什么东西在他前面翻覆都不会使他慌乱，那么做起水中的任何事情都能好整以暇，不慌不乱，那操舟在他来说，根本不算一回事了。常听人说，如果用瓦片来投掷，可以精巧准确；用铁钩来投掷就心中有所顾忌而投不准；如果用黄金来投掷，一掷千金之下自然心中发昏，两手发麻，百投不中了。纵然他的技巧一样精到，但心中受外在的影响而不安，就无法专致准确了，所以凡是'重外的就拙于内'。"

孔子在吕梁山观看对面的瀑布，但见水高三十丈，冲向河底，回流三十里之远，水势湍急，连鱼鳖都没法游过去。

突然，看到对面一个人，不顾大水奋勇跳入，最初以为他是受了什么打击而跳水自杀，所以叫学生们站在岸边看住，以便抢救。没想到，大约距他跳下一百步的地方，他又冒出水面，走到附近的沙洲上，披头散发，悠然自得地唱着歌。

孔子走上前去问他：

"这里的瀑布高三十丈，冲到水里产生三十里的回流，连鱼鳖都没法游过去，而我刚刚看你跳进去，以为有不可言说的痛苦而自杀，所以和弟子顺着水流守着你准备抢救，没想到你却披发行歌，若无其事，我还以为你是鬼怪呢！但仔细察看你却是一个人。请问你潜水是不是有特别的秘诀？"

"没有啊！我只是顺着水性保住我的生命而已，当水翻涌时我跟着它翻涌，水下沉时我跟着潜入，完全顺着水性而不因自己的想法违背它，这就是我的秘诀吧！这个道理也可说是'始乎故，长乎性，成乎命'。"

孔子说："什么叫作'始乎故，长乎性，成乎命'？"

"很简单，就是任其真性，随遇而安，譬如我生长在山陵就安于山陵生活，生长在水边就安于水上生活，不知道为什么这样却就这样的生活着，这就是最真诚的生活——顺性。"

海鸥知言

有一个住在海边的人很喜欢海鸥，他每天早晨都跑到海边和海鸥嬉戏。飞来这里的海鸥不下数百只。他的父亲觉得很奇怪，就对他说：

"听说海鸥都跟你游戏，你明天替我捉一只来，让我也跟它玩玩。"

第二天一到海边，所有的海鸥只在天空飞翔，无论如何都不肯下来。

因此有人说："真正的语言是不用语言，真正的行为是不表现行为，常人的智慧多么粗浅啊！"

火中奇人

赵襄子带领十万徒众到中山（地名）打猎，践踏草原，焚毁山林，想把野兽逼出来，便于打猎。于是，火势蔓延百里，烧得十分炽烈。

忽然，有一个人从石壁中走出来，随着烟雾爬上爬下，大家都以为是个鬼怪。不久，大火过去了，那个人才慢慢走出来，若无其事的样子，好像这场火与他完全无关。

赵襄子觉得很奇怪，就把他留住，仔细观察他。但他身体形貌、皮肤颜色、耳目口鼻、气息声音，明明是个普通人。就问他：

"你怎么住在岩石中，又怎么会跑到火中去呢？"

那个人反问道：

"什么是岩石？什么是火？"

"你刚才走出来的地方就是岩石，所走过的地方就是火。"

"我不知道你所说的这些事。"

后来，魏文侯听到这些事，就问子夏：

"这会是怎样的一个人呢？"

"我听我的老师（孔子）说过，'和'便是万物大同合而为一，能把'和'字放在心里，就没什么能伤害他，这种人纵使钻入金石，行于水火都是可能的。"

魏文侯又说：

"那你为什么不这样做呢？"

子夏说：

"把心挖掉，把智慧丢掉，这我还做不到，虽然不能做到，但我已经尝试着去做一段时间了。"

文侯说：

"那么你的老师怎么不那样做呢？"

子夏说：

"我的老师当然做得到，只是他不想做而已。"

魏文侯听了很高兴，就没有再说什么了。

神巫的虚妄

齐国有一个神巫，名叫季咸①。他能预知一个人的生死存亡，祸福寿夭，甚至能算出是何年、何月、何日发生，一点差错都没有。自从来到郑国以后，郑国人见了他都纷纷走避，怕他说出不吉利的事，无法忍受。

唯有列子见了他，非常崇拜他高深的道术，立刻回去对他的老师壶丘子说：

"以前我以为先生的道术很高深了，现在又遇到一个更高深的人。"

壶丘子说：

"我传授给你的只是外表的虚文，还没有谈到内在的真情，你就以为得道了吗？譬如一群雌鸟如果没有雄鸟，哪里能生出有生命的卵来呢？你用道的外表虚文来和世人计较，想胜过他人，所以容易被人看穿底细。你不妨邀他一起到我这里，让我们考验考验。"

第二天，列子请季咸一同去见了壶丘子。季咸出来后，立刻告诉列子说：

"真不幸！你的老师快要死了，活不过十天了，因为我在那里看到一个怪相，你的老师像一团湿灰。"

列子进去，哭得眼泪都湿透了衣襟，吞吞吐吐地把情形告诉壶丘子。壶丘子说：

"刚才我给他看的是阴胜阳的地文②，所以表面看起来不动不止，像土块一样，一团湿灰。既然他看到的是我把生机掩藏后的形体，当然说我活不久了，你再请他来相相看好了。"

第二天，又请季咸一同去见壶丘子，季咸出来对列子说：

"真幸运啊！你的老师遇到我，已有转好的希望了，我看到他闭塞的生机开始活动了，全然有生气了。"

列子进去，把这话告诉壶丘子。壶丘子说：

"我刚才给他看的是阳胜阴的天壤③，举不出它的名称，说不出它的实际，只是一点生机从后脚跟发出来，他大概看到生机的生长吧！你再请他来相相看。"

第二天，列子又请季咸一同见壶丘子。季咸出来对列子说：

"你的老师变化不定，我没法给他相命，等他固定了再给他相。"

列子进去，把这话告诉了壶丘子。壶丘子说：

"我刚才给他看的是不偏不倚，阴阳相和的太冲之气④，他大概看到我阴阳二气绝对平衡，鲵（ní）鱼盘旋成渊，水下的深流也盘旋成渊，顺流而下的水也盘旋成渊，渊有九种名称，我给季咸看的只是这三种。你再请他来相一相。"

第二天，列子又请季咸一同去见壶丘子。季咸看了，还没站定，就惊慌失色地逃走了。壶丘子说：

"把他追回来。"

列子没追上，只好回来告诉壶丘子说：

"已经不见了，跑掉了，我追不上他。"

壶丘子说：

"我刚才给他看的仍还没有超出我的大道，我对他应机顺变，使他搞不清我是怎样的人，我依着事理变化无穷，随着大化波流不已，他不能窥测我，所以只好逃了。"

从此以后，列子自以为没有学得大道，回家三年不出门，替他的妻子烧火、喂猪，像侍奉人一般，对世事毫不关心，去人事的繁文雕琢，恢复朴实纯真，遗然独立尘世之外，在纷扰的人世中虚静自持，就这样享了天年。

① 此与《庄子》所载同，但庄子不认为季咸是齐人。

② 至人其动也天，其静也土，其行也水。地文指块然如土，故湿灰。

③ 天壤有覆载之功，比地文大而有生机。

④ 太冲，太虚也，皓然泊心，玄同万方，莫见其迹。

列子惊惧

列子到齐国，走到半途又折回，遇到伯昏瞀人。伯昏瞀人说："为什么中途回来？"

列子说：

"我因为心中惊惧。"

"为什么惊惧？"

"我曾在十家卖浆店吃饭，有五家很快的先送给我吃。"

"这又有什么好惊惧的呢？"

"我在想，我可能因为内心诚静不够，不能虚心，举动轻浮，而空有威仪，用这个空架势来镇服人心，使人看我比年老的人还受尊重，恐怕祸患就要临头了。卖浆的人只做些饮食小买卖，赚点微利，所得极少，权力又轻，还这样的竞相争取我，何况万乘的君王，为了国家形体劳瘁，为了政事心智忧愁，如果他也想用我担任国事，而责求我的功劳，那我将怎么办，所以我心里惊惧。"

伯昏瞀人说：

"你的体察很入微，你只要静居一处，自然会有人来归附你。"

没过多久，伯昏瞀人又去看列子，到了门口，看到门外的鞋子都排满了（表示请教的人多）。伯昏瞀人在北面站着，拄着杖子，下巴靠在杖头上，站了一会儿又不声不响地走了。接待宾客的人去告诉列子。列子提着鞋子，赤着脚，跑到门口说：

"先生既然已经来了，为什么不指教我就要走了。"

伯昏瞀人说：

"算了吧！我已经告诉过你，人们将归附你，现在果然都来归附了。这不是你能让人归附你，而是你不能使人不归附你，你为什么要表现出让人觉得你与众不同呢？这必定是你有所感人的地方，因此动摇了你的本性，这也是无所谓的啊！而和你在一起的人又不告诉你，他们所说的又都是小人之言，尽是毒害人的，不能使你觉醒，使你启悟，对你一点用都没有啊！"

杨朱悔悟

杨朱到南方的沛县去找老子，正好老子到西方的秦去游历，于是只好相约在郊外见面，结果到了梁才碰上老子。老子在中途仰天长叹说：

"起初我以为你还可以教育，现在才知道你根本不堪造就。"

杨朱听了也不答话，到了旅舍，侍奉老子洗漱完毕，就脱了鞋子放在门外，膝行向前请教说：

"刚才弟子想请问夫子，而夫子正在走着，没有空闲，所以不敢问；现在夫子空闲了，请问夫子刚才说弟子不可教，是什么缘故？"

老子说：

"你态度高傲，目空一切，人看了就不顺眼，谁敢跟你在一起呢？一个真正清白的人，不自以为清白，反而觉得有缺点似的；一个有盛德的人，不自以为清高，反而觉得自己欠缺什么似的（原文'大白若辱，盛德若不足'）。"

杨朱听了，脸色都变了，然后说：

"我敬受您的教诲。"

当杨朱来旅舍的时候，旅舍的客人都迎接他，旅客主人替他安排座位，女主人替他拿漱洗用具，先来的客人都躲开了，烧饭的都不敢在厨房。等到杨朱要离去的时候，旅舍的客人都和他很亲热，有的竟和他争席位了。

柔弱胜刚强

杨朱到宋国，经过一家旅店，就在那儿住宿。旅馆主人有两个妾，一个很漂亮，另一个却很丑。然而丑的很受主人宠爱，漂亮的反而不被喜爱，杨朱觉得很奇怪，就问他原因。旅舍主人回答说：

"漂亮的只是她自己漂亮，我不以为她漂亮；丑的只是她自己丑，而我不以为丑就好了。"

杨朱听了就告诉弟子说：

"记住这句话哦！一个人只要行事无愧，人家就知道你的贤德，那么走到哪里都会受人欢迎。"

天下的道有时需要深入去想才能明白，譬如刚强的并不能常保有胜利，反而是柔弱的可以常胜。这个道理，看起来很容易，但一般人却不了解。所以上古人论强弱时，强的就以弱的为标准，弱是以强的为比较对象，这样一来就可以去除争胜之心，因为和较弱的比较以后，再碰到强的人就会畏惧而不和他竞争。

粥子（粥读 yù，即鬻熊）说："欲刚必以柔守之，欲强必以弱保之。"这也是说能在柔弱上下工夫，自能变成刚强不败，保有长远的胜利。所以看一个人祸福的趋向，只要看他是否在柔弱处下工夫就可以明白了。

一个强者虽然可以胜过弱者，但是强中更有强中手，如果遇到和自己一样强的，就会因为太刚强而折败。所以能够用柔弱的功夫来使刚强的屈服，那才是令人佩服的啊！老子说"兵强则灭，木强则折"，正说明柔弱的才能生存，刚强的终会被消灭。

我们比较一件事物，外表的形状不一定要相同时，就要内在的智力相同，智力不一定相同时，就要外形相同。而圣人侧重智力轻视外貌，一般的人侧重外貌轻视智力。因此之故，对外貌和我相同的人，就喜爱他，常常亲近他，外貌和我不同的就害怕他，疏远他。

现在让我们看看，一个体高七尺，手脚不同，生发长齿，会站会走的动物就叫作人。然而外貌是人，说不定他的心是兽心，但纵然是兽心的人，外表看起来是个人，所以看到了就觉得很亲近。而长翅生角，突牙利爪，或飞或窜，或伏或跑的动物就叫作禽兽。然而禽兽说不定也有人心，但纵使兽有人心，外表是禽兽，我们还是疏远它们。

传闻中说，庖牺氏、女娲氏、神农氏、夏后氏，都是蛇身、人面、牛首、虎鼻，他们都没有像人的外貌，却不失为一个大圣大德的人。相反的，夏桀、殷纣、鲁桓、楚穆，他们的外貌七窍都和人一样，却都是禽兽心，无恶不作。一般的人单单抓住一个外貌就想求得真正智慧，那是不可能的。

黄帝和炎帝大战于阪泉，率领了熊、罴（pí）、狼、豹、貙（chū）、虎等兽当他的先锋，以雕、鹖（hé）、鹰、鸢（yuān）等禽为他的旗帜，这是圣人以神力指挥禽兽的明证。

尧曾派夔演奏音乐，一阵敲敲打打以后，百兽都跟着节拍跳起舞来了，用箫吹《韶》乐（《箫韶》，舜所制乐），一连吹奏了九章以后，凤凰都慕声来听，这是以人的音乐来感动禽兽的事实。

从这个事例看来，禽兽的心和人有什么差别呢？一般人的外形和声音不同于禽兽，就以为人与禽兽无法沟通，不知道怎样交往。只有圣人是无所不能，无所不通，所以能够引发禽兽的人心，和人互通性灵。

禽兽的智力和人差不多，都懂得怎样维生，不需靠人类的教导，都懂得雄雌相配，母子相亲，也懂得避险就平，去寒就温，平居时成群，外出时成列，幼小的在内圈被强壮的在外围保护着，有喝的互相带路，有吃的就鸣叫通知，那种聪明和人没有两样。

太古的时候，这些禽兽和人杂居一处，共同生活，和人走在一起，毫不畏惧。到帝王时代，才被人类驱逐，惊慌地散乱开来。到后来，一个个都隐避逃窜，怕被人伤害，所以就和人类越离越远了。

在东方有一个介氏国，那个国家的人了解猪狗鸡羊等家畜的语言，而太古时候的圣人能懂得万物的情态，异类的声音，把这些禽兽聚集在一起，教导它们一些事情，都能像人一样学得很好。所以会合神明，纠集人民，集结禽兽虫蛾，凡是血气动物的心智都没有多大区别啊！太古的神圣知道这个道理，所以他们教训引导不遗余力。

朝三暮四

宋国有一个喜好养猴的人，大家都称他狙（jū）公。狙公养了成群的猴子，与它们相处久了，狙公了解猴子的心思，猴子也懂狙公的心意。

狙公用光了家里的口粮来满足猴子的欲望，弄得食物缺乏，只好限制猴子们的粮食，但又怕猴不肯听从。于是骗它们说：

"明天开始早上吃三个晚上吃四个茅栗子，不知道满不满意。"

猴子们听了都非常生气，一个个不满地站起来，过了一会儿狙公又说：

"这样好了，改为早上四个晚上三个，总可以吧！"

猴子们都非常高兴。

人世间许多粗鄙不足道的事情，反而被人推尊得很高，这和猴子一样的可笑。圣人靠他的聪明愚弄百姓，反而受到百姓的尊宠，正好像狙公以他的聪明受到猴子的尊宠。

善斗者无志

纪渻（shěng）子替周宣王养斗鸡。养了十天，周宣王问：

"养好了没有，是否可以斗了？"

纪渻子回答：

"还没有，鸡性骄矜，好勇斗狠，不能使用。"

再过十天，又问。回答：

"还没有，还是听到声音、看到影子就冲动起来。"

过了十天又问。回答：

"还不行，仍然眼光锐利，意气强盛。"

又过了十天再问。回答：

"差不多了，已经变成听到别的鸡叫一点反应都没有了，看过去就像木头鸡一样，呆头呆脑，血气已失，性能完备，其他的鸡没有敢应战的，一看就回头跑了。"

最善于斗击的是属于无志于斗的。下面的故事也一样。

惠盎去拜见宋康王，康王正在既烦又怒地走来走去，口中念念有词，看到惠盎，就生气地说：

"我所喜欢的人是有勇力敢牺牲，而不愿听什么仁义道德，你想向我说什么？"

惠盎回答：

"臣这里有一个秘诀，可以使人再勇敢也刺不进去，再大力也击不中，难道大王也没兴趣吗？"

康王说：

"那很好，这是我想听的。"

"使人刺不进去、打不中虽然很好，但已使被刺被打的人受到侮辱，我现在更好的方法，可以使不敢刺不敢打。然而使对方不敢打不敢刺，并不能使对方摒除想打想刺的意念，臣现在有一个办法可以使对方变成不想打不想刺，那就是要使对方没有爱利之心。能够去除爱利之心，天下的男女都会景仰他、尊敬他，比起有勇力的不知要高出多少倍，大王难道不想找那样一种人吗？"

康王说：

"那正是我想找的人啊！"

惠盎说：

"那就是孔丘和墨翟啊！他们两人没有封地但受人尊敬不亚于一个君主，没有做官，但成为人中的领袖，天下的男男女女都伸长脖子，垫高脚跟，愿意得到他们的照顾而过安乐日子。现在大王拥有万乘兵车，又有诚心安抚天下，如果去除爱利之心而言仁义，那么四境的百姓都可因大王而受惠，那种贤德和恩惠比孔、墨还要广大。"

宋王听了没有话回答。惠盎看到目的已达到，也就很快地退了出来。

宋王对左右的人说：

"这个人真会辩说，连我都被说服了。"

第三章　周穆王

周穆王神游

周穆王在位的时候，从西域来了一个化外之人。他神通广大，入水火，穿金石，如入无人之境；过山川，经城镇，如履平地。凭空而行不会坠地，穿墙而过毫无阻碍，真是千变万化，高不可测。穆王把他当成神一般的尊敬，君王一般的侍奉，选最好的房屋给他住，奉上最好的牛羊猪肉给他吃，挑最漂亮的女乐给他娱乐。

但是那个化外之人觉得穆王给他住的宫室卑陋不堪，不能居住，厨子所做的菜腥膻臭馊，难以下咽，替他选的嫔妃全身恶臭，难以亲近。

穆王只得替他改建宫室，动土木，上油漆，鬼斧神工，一应俱备，弄得府库空虚，百工疲惫，好不容易造成一座高台，千仞屋顶，高耸入云，下望终南山，好不悠然，于是命名为"中天台"。

又挑选郑、卫一带婀娜多姿，曼妙美丽，飘逸娥眉，远处传香的女子，命她们插上钗笄（jī）戴上耳坠，穿上绸缎，衬上齐国的纨服，真个是粉白黛绿，美不胜收，又命她们佩玉环，挂香袋，聚集在一起演奏《承云》(黄帝乐)、《六莹》(帝喾乐)、《九韶》(舜乐)、《晨露》(汤乐)等曲子供他欣赏，而且每个月都献上最珍贵的衣服，天天奉上最美味的食物，化外之人还是不很满意，勉勉强强地去看看，应付应付而已。

没住多久，化外之人请穆王一起出游。

于是穆王拉着化外人的衣袖，立刻腾空飘起，直奔天上。睁眼一看，已在化外之域了，跟随化外人进入宫室，但见金银砌成的宫室，缀满珠玉，金碧辉煌，举目外望，宫室就在云雨之上，好像房舍也腾附云上一般。耳所闻，目所见，鼻所嗅，口所尝，都不是人间所有，穆王这时才领悟到以前天帝所住的清都、紫微、钧天、广乐是何等豪华舒适。

穆王心想，这么美好的地方，就是住上十年也不会想回去。正想着，化外人又请他再往他处看看。所到之处，仰望不见日月，俯视不见河海，光影所照射的地方，光彩夺目，令人双目眩惑不敢正视，音响传来，摄人心魄，使穆王两耳迷乱无法细听，全身百骸、五脏六腑都悸动不得宁静。穆王意乱情迷，精神沮丧，只得要求化外人送他回去。

化外人轻轻一推，穆王就好像坠入虚空之中一般，等醒过来的时候，已经回到人间，所坐的地方是以前的，左右侍奉的人也是旧时的。看看座位之前，酒还没有喝完，菜还没有吃光，穆王觉得非常惊异，就问左右的人他是从哪里来到这里，左右回答说："大王只是静坐在这里而已啊！"

从此以后，穆王恍惚自失，三个月才恢复过来。便问化外人怎么这么奇怪。化外人说：

"我和大王一起神游，形体何必动呢？况且以前大王游赏的地方和现在的又有什么差别呢？以前所玩的地方和现在的园圃又有何差别？王习于常存的观念，所以怀疑自己曾经暂时迷失，这完全是内心的迷惑所造成的啊！人世变化莫测，或快或慢，在乎自己，别人说也说不清。"

穆王听了非常高兴，于是再也不想国事，不宠臣妾，整天恣意远游，命人分两车，驾着八匹骏马①出游。前面一辆的服马右边是骅骝，左边是绿耳，骖马在稍后，右边是赤骥，左边是白㹗（yì），这辆车的主车是穆王，驾车的是造父，车右是奃奃（tài bǐng）。次车的服马右边是渠黄，左边是逾轮，骖马则右边是山子，左边是盗骊，这辆车子主车是柏夭，驾车的是参百，车右是奔戎。驰驱千里左右，到达了巨蒐（qú sōu）国。

巨蒐氏奉上白鹄的血给穆王喝，准备了牛马的乳给穆王洗脚，喝完了以后又继续进发，当晚就住在昆仑山下，赤水之北。

第二天，登上昆仑山，观望黄帝的宫室，然后封它给后世，再往西王母那儿做客，在瑶池喝酒，西王母替穆王唱歌，穆王在旁相和，歌辞哀切感人。

唱着，唱着，日已西沉，才猛然醒悟自己一天之内跑了一万里路。于是穆王叹道："唉！我不好好修德化民，却在这里唱歌为乐，后世人一定会追数我的过错啊！"

穆王并不是神人啊！却能享现时的快乐，这和百岁而死没有不同，而世上的人还以为穆王升天成仙了呢？

【注释】

① 古时一乘四马，前两匹在中间的称服马，后两匹在左右侧的称骖马。这里八骏是二乘共八匹马。

老成子学幻

老成子向尹文子学幻术，学了三年，尹文子并没有告诉他，老成子只好请教过错准备退学回家。尹文先生向他鞠了一个躬，请他到内室，屏退了左右的人，然后对老成子说：

"以前老子要西行时，曾告诉我说：'天地间的血气生命，形体外貌，都是虚幻的。造化的开始，阴阳的变化，叫作生，或叫作死；穷数达变，因形转移的，叫作化，叫作幻。'造物主的巧妙深奥，是难以追根究底的，如果靠着形体来表现取巧的，都是功夫浅薄，只能暂时生，随时死，唯有能够穷数达变，因形转移的人才可以生死如一，这种人才可以学幻术，而我和你都是虚幻之身，又何必学什么幻术呢？"

老成子听了，就回家去想尹文先生的话，经过三个月的深思冥索，终于能够存亡自在，翻倒四时，能够使大地冬天打雷，夏天结冰，使地上走的天上飞，使天上飞的地上走，终其一生不显露这个道术，所以后世没有流传。

列子说："善于幻化的人，他的幻术潜藏不用，所以他的事功与常人差不多。就像五帝的德行，三王的功夫，不见得都是靠智勇力量去发挥，或许是靠幻术所造成的，我们又怎么知道呢？"

子列子说梦

一个人活在世上，清醒的时候有八征，睡梦的时候有六候，这八征六候在一觉一梦之中构成整个人生。

八征是哪些呢？第一是"故"，人情世故；第二是"为"，日常作为；第三是"得"，名位得失；第四是"丧"，送死之戚；第五是"哀"，情愁哀感；第六是"乐"，怡乐可喜；第七是"生"，初生之痛；第八是"死"，解脱而归。这八种现象，是我们形体直接感受应验的。

六候是哪些呢？第一是"正梦"，平居做梦；第二是"蘁（è，惊愕）梦"，惊愕而梦；第三是"思梦"，思念而梦；第四是"寤梦"，悟道做梦；第五是"喜梦"，喜悦而梦；第六是"惧梦"，恐怖而梦。这六种反应，是我们精神感受而产生的征候。

对一件事情，如果不明白事情的始末，当事情发生时就会迷惑慌乱，如果知道事情的始末，早有心理准备，事到临头就不会害怕了，做梦也是这样。

人的身体盈虚消长，都和天地相合，和万物相应，所以阴气盛的时候，就会梦见徒步过大水而心生恐惧。阳气盛时，就会梦见徒步过大火而被燔烧。阴阳气都很盛的时候，就会梦到生杀。肚子很饱就会梦到施舍给人家，肚子很饿就会梦到向人求取。因此虚火上浮的人生病做梦就梦见自己飞扬腾空，沉重湿气之类的病，做梦时就梦到自己被水所溺。睡觉时缠着带子就会梦到蛇，白天看到鸟儿衔发就会梦到自己会飞。天快黑的时候做梦会梦见火光。有生病的征候做梦时就梦见饮食，忧愁满怀的人梦见喝酒，哭泣以后做梦就梦见歌舞。

子列子说："精神有所感受就会做梦，形体有所作为就有事功。所以白天所想的晚上就梦到，那是精神和形体互相感应的结果。因此精神专致没有情念的人，晚上的梦自然会消失，这些人非常清醒而不多说，做梦也无所感觉，可以把精神和形体合而为一。古时候的真人，对他所做的事不放在心里，晚上睡觉自然不会做梦，这应该不会是骗人的吧！"

西域的南部有一个国家，疆域广大而没有界分，名叫"古莽国"。因为国远地偏，天地阴阳之气无法到达，所以寒暑四季没有分别，日月的光芒都照不到，所以不分昼夜。这里的百姓不食不衣只知睡觉，五十天才醒一次，醒来时以为梦中的情景是真实的，而清醒时所看到的是虚妄不真的。

又有一个"中央国"，位于四海中央，地跨黄河南北，横越岱山东西，长有一万多里，因位在中央所以阴阳合度，四季分明，一暗一明，界分清楚，一昼一夜，井然有度。这里的百姓有的聪明，有的愚昧，也有的才艺高超，懂得植长万物，也懂得以礼法治国，君臣之间各有所司，通国之内的言论和作为繁多，不可计数。平日一醒一睡，认为醒来时所作所为是真的，梦中所看到的都是虚妄不真的。

在最东北角又有一个国家，叫作"阜落国"，这里土地干燥气候燠（yù）热，日月光照射之下，连禾苗都无法生长，所以这里的人民只好吃草根和野果，不懂得用火煮食，性情野蛮，常常强弱相攻伐，只求胜利而不顾大义，终日奔驰忙碌，很少休息，甚至常常醒着不用睡觉。

所以一梦一觉，哪一个真？哪一个假？不是我们可以了解的啊！

苦乐的真相

周的尹氏热衷于治产赚钱，在他手下工作的仆役，从早忙到晚，都不得休息。有一个老仆，由于工作疲劳，已经筋力衰竭，无法生产了，尹氏却更严厉地催促他卖力工作，弄得这个老仆，白天一面呻吟一面劳动，晚上一到，倒头便呼呼大睡。

因为太累，身心涣散，所以精神恍恍惚惚，梦见自己成为一个国君，位在万民之上，总理全国事务，游宴于宫殿楼观，恣意所为，快乐无比。但是醒来后，又得劳苦，有人慰问他的劳苦，他却说：

"人生百年，昼夜各半，我白天为仆役，虽然辛苦，但晚上是人君，快乐无比，我又有什么可抱怨的呢？"

再说尹氏，因为白天忙于俗事，操心家业，弄得心神疲惫，所以一到晚上便沉沉入睡。每天晚上都梦见自己成了他人的仆役，被人使唤，替人奔走，尽做些不愿做的事，稍不如意，就挨打挨骂，苦不堪言，常常在梦中呓语呻吟，直到天亮才解脱。

尹氏非常痛苦，就去拜访朋友想办法解脱，他的朋友告诉他说：

"你地位尊荣，家财百万，是别人所不能及，但是夜晚做梦却当人的仆役，这就是有苦有乐的人生，合于天然的运数，如果你想做梦和醒着都称心如意，那是万万不可能的。"

尹氏听了他朋友的话，想想这一梦一觉的道理，就把分配仆役的工作减轻了，自己也不再过分操心家业。没有多久，尹氏和老仆役都减少了痛苦。

真耶？梦耶？

郑国有一个人，到野外砍柴，半途看到一只麇鹿，就把它打死，又恐怕被人发现，就拖到庙里藏起来，还小心翼翼地用芭蕉叶盖好。他心里高兴得很，竟然忘记藏鹿的所在，后来又以为他是在做梦，所以一路上自言自语地说着这个怪梦。

旁边有人听到他的话，就按照他的话去寻找，终于在庙里找到了鹿，就把它扛回家里，告诉妻子说：

"刚刚有一个砍柴的梦见他打了一只鹿，但忘记藏到哪里了，结果被我找到，他会真的做梦吗？"

他的妻子说：

"我想是你梦见砍柴的人打了一只鹿，其实根本没有什么砍柴的人，而现在真的找到一只鹿，是你的梦成为真的而已。"

这个丈夫说：

"既然我已得到这只鹿，何必管是他做梦，还是我做梦？"

那个砍柴人回家后，对那只鹿还是念念不忘，所以那个晚上真的做了一梦，梦见他藏鹿的地方，又梦见鹿被那个路人拿走了。第二天早晨，依据他梦中的情形去找拿了鹿的人，果然被找到，就告到士师（掌五禁之法的人）那里，士师说：

"你当初真的打到鹿，却说是做梦，后来真的做梦，却又说是事实不是梦。而他真的得到了鹿，和你争夺，他的妻子却又认为他是做梦得鹿，并没有人先得过此鹿，现在只能把这只鹿分成两半，一人一半。"

这件事被郑君听到了，郑君说：

"不知道士师会不会又做梦替人分鹿？"

郑君把这件事说给相国评断，相国说：

"梦或不梦，不是臣所能分辨的，想要真的辨清不是梦，只有请黄帝或孔丘，现在黄帝和孔丘早就死了，还有谁能分辨的呢？依我看就照士师的办法好了。"

华子健忘症

宋国阳里地方，有一个叫华子的人，中年时候得了健忘症，早上从别人那里拿来的东西晚上就忘了；晚上给人东西，第二天早上又忘了。在路上时忘了走，在家中忘了坐下，现在记不起以前的事，以后又记不起现在的事。全家人都替他担心，就请了一个占卜师替他占卜，结果一点都没用，又请巫师来祷告，依然无效。最后请医师来，还是治不好。

他自己却说要去给鲁国的儒者治治看。他的妻子愿意把一半的财产送给儒者，只求把他治好。儒者说：

"这种病本来就不是占卜、祈祷、药物所能治好的，我试试看用别的方法来改变他的思虑，或许有治好的希望也不一定。"

于是儒者要华子赤裸全身，华子就想穿衣服；让他挨饿，他就想吃东西；把他关在暗室，他就想到亮的地方。儒者看到这种情形就高兴地告诉华子的妻子说：

"这个病可以治好的，但我的方法是世代相传，不能告诉外人，让我和他单独同住七天，一定可以完全治好。"

华子的妻子答应儒者的办法，也不知道儒者搞了些什么名堂，竟然把常年老病就这么治好了。

华子的健忘症好了以后，却变得动不动就生气，把妻子赶出门，对儿子任意打骂，最后又拿着戈要追杀儒生。宋国人把他抓住，问他原因，他说：

"以前我患健忘症时，坦坦荡荡，连天地有无都不用放在心上，现在突然恢复记忆，数十年来的生死得失，哀乐好恶都一起涌现，扰乱了我的心绪，将来连暂时遗忘的生活都不可复得了。"

子贡听到这件事，疑惑不能解，去请教孔子。孔子说："这不是你所能领会的啊！"

说着又回头看看好学的颜回，叫他把这件事记下来。

迷惘的是谁

秦国人逢氏有一个儿子，自幼聪慧，中年却得了一种"迷惘"的怪病。这种病使他听到歌声以为是哭声，看到白的以为是黑的，闻到香的以为是臭的，尝到甜的以为是苦的，做了坏事以为是好事，凡是他意识到的，无论天地、四方、水火、寒暑，都完全相反。

有一个姓杨的告诉他的父亲说：

"鲁国的君子医术很好，说不定可以治好他，何不去试试？"

逢氏就前往鲁国，途经陈国，遇到老聃，就把真情告诉老聃，老聃说：

"你怎么知道你的儿子迷惘呢？现在天下人都被是非迷惑了，被利害搞昏了，患这种病的人到处都有，本来就没有一个人是清醒的。况且一个人迷惑，不见得全家人会迷惑；全家人都迷惑了，不见得全乡人都迷惑；全乡人都迷惑了，也不会使全国人都迷惑；全国人都迷惑了，也不会全天下人都迷惑。假使天下人都迷惑了，还有谁来指正呢？如果天下人都像你儿子那样，那迷惑的人反而是你了。到那时候，哀乐、是非、声色、香臭，还有谁来分辨呢？而我现在这么说，也不见得不是迷惑。鲁国的君子迷惑更深，哪能治好别人的迷惑呢？你还是带着粮食，快快回去，别白白浪费了。"

情绪的悲哀

有一个燕国人，生在燕国，却长于楚国，到了老年想落叶归根回到故乡，走到晋国，同路的人骗他，指着前面的一个城镇说：

"这就是燕国的城镇。"

这个人听了就面露悲戚，同路人又指着一座宗庙说：

"这是你乡里的庙社。"

这个人听了就深深地叹了一口气。同路的人又指着其中的一间房子说：

"这是你祖先的房子。"

这个人听了就流下泪来。同路的人再指一座坟墓说：

"这是你祖先的坟墓。"这个人忍不住放声大哭，同路的人却哑然大笑，说：

"我刚刚说的都是骗你的，这里是晋国而已。"

这个人觉得很愧疚，不久到了燕国，看到真正的燕国的城镇和宗庙，看到真正的旧家和祖坟，心里的悲哀情绪已经十分淡了。悲哀只是一种情绪，全靠当事人的心境来处理，它与事情的悲哀与否没有多大的关系。

第四章　仲尼

无乐无知才是真乐真知

孔子闲居在家，正好子贡去拜望他，发觉老师满脸凝重，大为诧异，但又不敢贸然问老师，只得默默退出。

子贡出来后，急急忙忙跑去找颜回，告诉他老师满面忧愁，不知发生了什么事，颜回听了，也不多说话，拿起弦琴，一面弹一面唱起歌来，流露出很快乐的样子。

果然，颜回的激励法生效了，这一唱把孔子唱得莫名其妙，只好叫人把颜回请去问话，颜回正暗自高兴，所以放下琴很快就到孔子面前。孔子问：

"回啊！你怎么一个人那么自得？"

颜回不正面回答，反问道：

"老师为什么一个人那么忧郁？"

孔子说：

"先说说你的快乐吧！"

颜回立刻说：

"从前，我听老师说过，一个人应该'乐天知命故不忧'，弟子谨记在心，所以能保持快乐的心境。"

孔子有点难过的样子，沉默了一会儿才说：

"我曾说过这样的话吗？你的想法和我所说的有出入，何况那句话是我以前在不同的情境下说的，现在我再告诉你最直觉的意义。"

孔子继续说下去：

"你只知道'乐天知命'可以无忧，但你不了解'乐天知命'也有它值得担忧的地方，照你的想法，勤于修养自己，不为贫穷富贵所苦，不为生死往来担忧，不因外在变化而忧伤，就是乐天知命，可以乐天无忧了。"

孔子先指出颜回的错误，然后说更为深一层的道理。他说：

"但是，我所说的乐天知命，并不只如此。回想我以前一心努力修习《诗》、《书》，端正礼乐，为的是有一天能把所学运用在治理国家上，希望留下好的治迹给后世当个模范，这样不但陶冶了自己，而且可以给我的国家——鲁国，贡献所学，然而等我学有所成的时候，情形已经改变了，鲁国已渐走下坡路，朝廷君不君、臣不臣，社会不讲仁义，风气衰败，人心不古，人与人的交情日渐浇薄。我当日的抱负没有一项可以在国内施展，更谈不上治理天下，嘉惠后世了。经过这种打击，我才深深体会出，《诗》、《书》、礼乐的道理对治乱理国并无帮助，而我依然想不出新的治术去改革它。所以今天我要说'乐天知命'往往会造成新的忧患，并不见得乐天知命一定可以无忧啊！"

孔子越说越激动，内心的感慨愈加深重，颜回不敢吭声，只好静静地听孔子说下去。孔子又说：

"虽然如此，但是经过一番思索，我终于想通了，今天要谈'乐天知命'和古人的应该不同，今天谈'乐天知命'必须有过一番历练，达到'无乐无知'的境界，才能真乐真知，能'无乐无知，真乐真知'才能无所不乐，无所不知，能'无所不乐，无所不知'才能无所不忧，无所不为。那时候，《诗》、《书》、礼乐影响不了我，新的治术对改革也没有什么帮助了，当然，也不用去改革了。"

孔子一口气说了一大堆自己的亲身体验，颜回听了茅塞顿开，很恭敬地向他的老师拜谢说：

"谢谢老师教诲，弟子谨记在心。"

颜回从孔子家出来，把孔子那番话告诉了子贡，子贡听了反而茫茫然，觉得自己所想和老师差得太远。于是一句话也不说，就闷闷地走回家，饭也不吃，觉也不睡，静静地想了七天，弄得形体消瘦，颜面憔悴。幸亏颜回很关心他，一再劝勉他，等到想通了以后，才和他一起回到孔子那里，唱歌论书，一辈子都不敢怠惰。

这是孔子的切身体验，光凭表面上的忍耐功夫，装作无乐无知是没有用的，必须深入生命的里层才能真正体悟出不忧不乐，真乐真知的道理。

以耳视、以目听

陈大夫到鲁国朝聘，私下里去拜访叔孙氏。刚见面，叔孙氏就对陈大夫说：

"我国有个圣人你知道吗？"

陈大夫反问为答地说：

"是不是孔丘？"

叔孙氏颇为惊讶地回答：

"是啊！"

陈不夫不太服气地问：

"你怎么知道他是圣人呢？"

叔孙氏很得意地说：

"我常听颜回说，孔丘能够'废心而用形'，所以是个圣人。"

陈大夫又不甘示弱地说：

"其实我们陈国也有圣人，你不知道吗？"

叔孙氏不以为然地问："你说说看是谁？"

陈大夫说："他是老聃的弟子亢仓子，既聪明又用功，非但得了老聃的真传，甚至青出于蓝呢！尤其他能'以耳视、以目听'才最是了不得。"

这句话一说出来，叔孙氏几乎呆住了。于是亢仓子的大名立刻传了出去，鲁侯听到这消息更为吃惊，立刻派人以上卿的厚礼把亢仓子罗致到鲁国来。

不久，亢仓子就由陈应聘到鲁。鲁侯很谦卑地向亢仓子请教说：

"听说先生能以耳视、以目听，不知可是真的？"

亢仓子很从容地回答鲁侯说：

"没这回事，那是传言的人信口雌黄，我只是能视听不用耳目罢了。"

鲁侯急切地想打破砂锅问到底，所以又说：

"这更奇怪了，把我搞得更糊涂了，我倒希望听听你的道理。"

亢仓子说：

"这很简单，我的形体和心智合一而不相违背，心智合于理气，理气合于神性，神性无所挂碍，所以只要有任何细小的东西或微弱的声音，我都可以看到、听到。纵使远在八荒之外或近在眉睫之内，稍有干扰我的耳目的，我都可以察觉得出。但这并不是靠我的四肢七窍去察觉，也不是靠六脏心腹去知觉，而是在一片浑然中自然有的感觉。"

鲁侯听了非常高兴，过了一段时日，把这件事告诉孔子，孔子听了笑而不答。

亢仓子的心智合于神理，所以应对外物时可以浑然无所阻碍，目所见耳所听，与心智合而为一，所以能够以耳视、以目听。

何谓圣人

有一天商太宰来拜见孔子。商太宰向来惯于单刀直入，所以一坐定就问：

"先生真是圣人吗？"

孔子说：

"称我圣人，我怎么敢当，我只是博学多识的人而已。"

商太宰又问：

"那么三王算得上圣人吗？"

孔子不慌不忙地替他解说道：

"三王只是善于任用智勇的人而已，至于是不是圣人，我就不知道了。"

"那么五帝该称得上是圣人了吧？"

孔子说：

"五帝只是善于任用仁义的人而已，至于是否是圣人我也不知道。"

"那么三皇该是圣人了吗？"

孔子说：

"三皇只是善于任贤，因时用民的人而已，是不是圣人我仍然不知道。"

商太宰非常惊骇，因为孔子把世人所谓的三王、五帝、三皇等圣贤都一一否决掉了，所以很急切地问：

"照你这么说，谁才是圣人呢？"

由于商太宰表情激动，孔子也有点不高兴，所以停了一会儿，等情绪平复了，才回答说：

"可能西方有个圣人吧！他不谈治道，所以国家不乱；他不多说话，所以自然守信；他不勉强作为，所以事事顺遂，心胸舒坦，行为宽荡，百姓无法称说他，我以为他就是圣人了，但是也还不知道是不是真的圣人。"

商太宰被搞迷糊了，只好默然不语，却在心中想——孔丘这家伙，一定在欺骗我。

其实，什么是圣人，完全是别人所称说出来的，在他自己而言只是很认真、很实在地去为国家、社会做真切的服务而已。

师者有兼才

有一天，子夏和孔子闲聊，谈到同学的特长时，子夏想听听老师对他们的看法，所以就问孔子：

"老师，您认为颜回的为人怎么样呢？"

孔子说：

"回的仁德修养比我还好。"

子夏说：

"那么，子贡为人怎样呢？"

"赐（子贡）的辩才比我还好。"

"那子路呢？"

"由（子路）的勇气比我好。"

"子张呢？"

"师（子张）的庄矜比我稳重。"

听到这里，子夏忍不住站了起来，惊疑又郑重地问孔子说：

"既然他们四个人都比老师贤明，为什么还来向老师学习呢？"

孔子举手示意，要子夏别太激动，然后解释道：

"坐下来！我详细告诉你，颜回虽然仁德高，但不懂得通权达变；子贡虽然有高度辩才，却不知收敛锋芒；子路虽然非常勇敢，却不懂得谦退恕人；子张虽然稳重庄矜，却不懂得温和平易。以他们四个人的优点来和我交换，我也不会答应的啊！这就是他们必须向我学习的原因啊！"

圣人之所以为圣，师者之所以为师，以其博学多识，宽大能容，所以集各人之特长仍敌不过师者之通明也。

木头人？

列子拜壶丘子林为老师，又结交伯昏瞀人为至友，从此就住在南郭。没住多久，到列子家串门的人就越来越多了，弄得列子常常因分身乏术而怠慢了他们，但是来人还是很多。

一段时日以后，列子所结交的人已经数不清的多，他也乐于天天和他们辩论，尽兴而散。然而，他隔壁住了一个南郭子，连墙而居，过了二十年，都不曾来往。偶尔在路上遇到，也好像没看见一样。左邻右舍门徒仆役都以为列子和南郭子有什么仇，才会如此老死不相往来。

有一次，一个从楚国来的人忍不住问列子：

"先生和南郭子有什么过节呢？"

列子说：

"南郭先生外貌充盈内心空虚，平日'耳无所闻'，所以不为外界声响所惑；'目无所息'，所以不为外界色彩所诱；'口无所言'，所以不会和人争辩；'心无所知'，所以事事不放在心上；'形无所惕'，所以遇到人等于遇到一道墙，毫无感觉。基于这些心理，所以他不会和人打交道，那我又怎么可能和他来往呢？"

话虽如此，列子还是决定和那个楚国人一起去看看南郭子这个怪人，在旁的四十个学生也浩浩荡荡地跟着前往。

进了门，果然一眼就看到南郭子像木头人一样，形若枯木，心如死灰，是不可能和他交接论说的。

正当四十多人惊讶而又好奇地看着那个木头人的时候，南郭子突然回过头来定定地看着列子，但那种神情给人的感觉一点都不真切，还是令人感到无法接近。

过了一会儿，南郭子伸手指着列子弟子群中最后一排的学生，对他们说：

"你们都衎（kàn）衎然（和乐的样子）好像是专直又好胜的人。"

因为南郭子向来不说话，现在突然谈起他们来了，所以都非常惊骇，不敢多说话。

回来后，每个人都心有"疑"悸地看着列子。列子只好告诉他们说：

"只要懂得真意，就不必借语言表达了。一个智慧高人一等的人不用言语就能判断对方的意思，因此，纵然一语不发也可以表达意思，这叫作无言的语言。能用高人的智慧去推测事理，一定八九不离十，那时不知也是真知。'无言'和'不言'，'无知'和'不知'归纳起来都是言、都是知，能有灵慧的心境，就可以无所不言，无所不知；也可以无所言，无所知，如此而已，那你们又何必惊骇于南郭子突然说起话来了。"

庄子说"大辩不言"，一般常说"无声胜有声"，人与人之间的交往，重在心灵的契合，并不一定要用言语来诠释。多说了反而失去了那一份真，失去了那份难以体会的性灵。

尽管人家说你木头人，说你无情，最多只是南郭子的传人，于你又有什么伤害呢？

是山不是山?

列子潜心向学,三年以后,已经达到心中不敢想对错、口中不敢说利害的境界,但也只博得老商看他一眼而已。

五年以后,道行更高,又回复到心常念是非、口常言利害的境地了。老商这才面露喜色。

七年以后,已经可以顺从内心的意念而无所谓是非,可以顺从嘴巴所要说的而无所谓利害。老商才招呼他和自己并席而坐。

九年之后,任由心里所想,任由口里所言,都分不出他所说的是对是错是好是坏,也不知道他人是对是错是好是坏。于是,对错好坏都不能影响他的思想言行了。更高妙的是眼睛像耳朵,耳朵像鼻子,鼻子像嘴巴没有什么分别。心灵凝聚形体消释,骨肉融合为一,感觉不出形体所倚靠的是什么,感觉不出双足所踏的是什么,感觉不出心中所思念的是什么,感觉不出言语里所包含的是什么,一切事理只如此而已,没什么可隐瞒的。

生命的历程里,眼看"山穷水尽",但再坚持下去,再接受磨炼以后,不觉又"柳暗花明"了。然而山水杨柳之间有时不易分辨层次,因为见柳暗时早已忘山穷,见花明时早已忘了水尽。

当然,对生命的观赏,应该不动声色,才能融合天机,达到浑然忘我的境界。

用心去玩

　　早年，列子好游山玩水，他的老师壶丘子就和他谈游玩的道理。壶丘子先问列子说：

　　"御寇！你喜欢游玩，不妨说说你的玩法。"

　　列子说：

　　"其实我喜好玩乐和一般人没有两样。一般人玩的时候，就其所见，尽情观玩，而我出游时却尽情地观察自然界的变化，所以虽然说游玩游玩，大家都在游玩，却没有人知道其中还有这等差别。"

　　壶丘子说：

　　"你的游玩，看起来和一般人一样，但在同中有异，大凡我们眼里所见的景象都是变化不一的，只因观玩时没有注意，所以不能了解。一般人只注意游赏外在的景物，而不知从内心去体悟，自然世界的变化多端，正与我心相契合，所以重视外在景物游赏的人，希望的是各种景物都齐备美妙，而重内在心灵契合的人，希望的是本身的体悟能够得到满足。内在心灵得到充实，才是游玩的最高境界，相反的，只求外在景物的美妙游玩，是永远不能满足的。"

　　听了这番话以后，列子再也不出外游玩了，因为他认为他的游玩正如壶丘子所说的肤浅的景物玩赏而已。

　　后来壶丘子又再深入地替列子解说什么叫作"游玩"的最高

境界。他说：

"一个懂得用心灵去游玩的人，往往是忘了他所到达的场所，因为无论在什么地方，他都觉得很满足。而善于用心灵去体悟的人，往往也不知道他所看到的是些什么，因为他时时关注的是心灵本身的感受，所以看不到外物的美妙。如此一来，一草一木，都能使自己满足，一山一水，都能有所感受，这就是游玩的最高境界。"

游玩，除了目见耳闻之外，最重要的是用整个心灵去体悟，才能达到真正的"赏心悦目"。

龙叔有怪病

龙叔和文挚两人在一起闲聊，文挚老以心理医师自居，夸言能治心灵的怪疾。

龙叔不服，就冲着文挚说：

"依我看，你只是只大口虾蟆，其实半点医术都不懂。"

这一说又使文挚不服。龙叔便说：

"那好，我现在正好有病，你若能替我治好，我就服你。"

文挚说：

"悉听尊便，那么先说说你的病症。"

龙叔说：

"听着！我的病很奇特，每当我在乡里被人称赞时，我一点光荣的感觉都没有；而在国都被人毁谤的时候，我也不感到耻辱；得到好处不会高兴，遭受损失也不忧患，把生看成和死一样，把富有看成和贫困无别。更绝的是，我可以把人看成是一头猪，把自己当作别人。还有，住在家里老觉得像流浪在外一般，住在国里，老觉得身处戎蛮一样……诸如此类的怪病形成后，我对世俗所追求的爵禄和名位一点也不动心了，对国家的刑罚和惩戒也没有丝毫畏惧，人世间的盛衰利害改变不了我，哀伤欢乐也打动不了我的心。我已经变成一个无法辅助国君，无法结交亲友，无法亲近妻子，无法管制仆隶的'人'（人字可以换成猪）了。你说说看这是什么病？什么药才可以治好？"

文挚听了不慌不忙，煞有介事地命龙叔转过身子，面朝里，背朝外站着。然后文挚就站在暗的地方，从里向外用肉眼透视龙叔。看了一会儿以后，文挚就说：

"啊！我看到你的心了，你的心空空洞洞的，接近圣人了。我听说圣人的心有七窍，而且都是空洞明澈，如今你的心有六孔流通明澈，只有一孔尚未通达，这不通的一孔可能就是你病根的所在。如果说一个人的'圣智'是一种病，那么你的病就是这么产生的。这种病不是我这粗浅的医师能够医好的。"

能够看开毁誉喜乐，不为名位爵禄所惑完全是圣者的做法，如果把这些当作病的话，天下就没有救治的希望了。

对生命的处理，必须顺性自然，任遇忘怀，才算合乎道。当然合乎道的生命也有结束的时候，但这种结束只是外物所带来的不幸，我们不要认为这种不幸有失常理，而去为它悲哀。

相反的，如果对生命抱持必死之理，也是与事实相符的，只要能够认清死是不可抗拒的事实，所以活着的时候也可以看成死去一般，无所忧惧，因为人都是要死的，而他现在还活着，更会觉得幸运。

综合上面的现象，我们可以知道，任性自然，不损不益叫作道，顺道而死叫作常，圣人之心有七窍，就是顺道而处的结果。

龙叔的病并没有什么不对，只是对事理能深入了解，不为一般人的看法所惑而已，这正好是把生命看成必死之理，活着的人更应该珍惜。

居中履和

季梁死了，杨朱去吊唁，走到死者门口，对门高歌，全无哀凄之情。

随梧死了，杨朱去吊唁，却望着死者，抚尸痛哭。

杨朱用不同的方法来处理他的情绪，他认为季梁的死是尽生顺死之道故无所哀，而随梧的死是生之不幸故可哀。

俗世凡人对生死的处理，都是生的时候高歌，死的时候哭泣，哀乐失其中，这是最难医治的病。一个眼睛快瞎的人为了极尽其视，往往比别人先看清细微的秋毫；耳朵快聋的人，为了极尽其听，往往先听到蚊蚋（ruì）飞动的声音；味觉快坏的人，为了极尽其味，往往比人先尝出淄水和渑水的味道不同；鼻子快阻塞的人，往往比人先闻到烧焦腐朽的味道；身体快倾倒的人，为了极尽其奔，往往比人先狂奔；心灵快要迷失的人，为了极尽其不凡，往往比人先辨识是非之理。

这些都是失去参"居中履和"的道理，而不按常道去顺生适性，所以有害于生。耳目口鼻是身心的六窍，能视目所见，听耳所闻，任体所能，顺心所识，才算得"中和之道"，才能智周万物，身与德俱。

杨朱对季梁之死高歌，对随梧之死痛哭，完全是顺性的行为，是居中履和的明证。

养养之义

郑国的圃泽，出了很多道德高的人，而东里出了很多才智高的人。圃泽的一个子弟叫伯丰子的，有一天路过东里，正好遇到唯恐天下不乱、操两可之说的邓析。

邓析看到伯丰子就不怀好意地笑着，回过头去和他的学生说："让我来奚落这个人给你们看看。"

弟子们也唯恐天下不乱，都异口同声地说：

"极愿看看老师的绝招。"

于是，邓析问伯丰子说：

"你知道'养养'的道理吗？一个人如果只知道受人供养而不能养自己，就和猪狗没有分别！豢养万物，然后万物为我所取用，这是人力的功劳，而使你吃饱穿暖可以安逸过日子的，是执政的功劳。现在一家大大小小聚集在一起，厨房做出食物来供养你，你不能自养，那和猪狗等又有什么分别呢？"

伯丰子不回答邓析的讥讽。

在那僵持的气氛中，伯丰子的随从挺身而出，对着邓析说：

"大夫！您没有听说齐鲁多机巧的人吗？有的善于治土木，有的善于治金革，有的善于声乐，有的长于书数，有的擅长军事，有的擅长宗庙之礼，真可以说群才俱备，人才济济，但是却没有一个可以拥有宰相位的，也没有一个可以担当大使重任的。侥幸居了官位的都是一些无知见的平庸的人，被派任的也都是一些无能力的人，所以有知见有能力的反被那些无能的人所用。而那些无能力的执政者都是被我们支配的，你又有什么值得骄傲的呢？"

邓析听了，无话可说，只得看看学生，默默地退下。

每个人有不同的能力，社会就是在那种互相制衡、互相将养的情况下进步的，谁能轻视别人，以为自己才是最有贡献的人呢？

大力士公仪伯

公仪伯以力气大闻名于诸侯，堂谿（复姓）公把他举荐给周宣王。周宣王准备了厚礼聘请公仪伯。

公仪伯来了以后，周宣王细细观看他的外形，竟然是懦弱不堪，心里十分疑惑，于是就问他：

"你说说看，你的力气有多大？"

公仪伯说：

"臣的力量能够折断春螽（zhōng，螽虫）的大腿，也能折断秋蝉的翅膀。"

周宣王听了又惊又气，提高声调说：

"我的力量能撕裂犀牛的韧皮，能同时拉动九条牛的尾巴，却还觉得太赢弱，常常引以为憾，而你只能折断春螽的大腿及秋蝉的翅膀而已，却以力气大闻名于世，这是什么缘故呢？"

公仪伯长长地叹了一口气，然后一面退席一面说：

"大王问得好！那我就照实回答吧！我的老师商丘子力气之大是天下无敌的，可是亲戚朋友却没有一个人知道，那是因为他不曾表现出来的缘故。我看定了这点，所以发誓一辈子向他学习，他才告诉我说：'一般人都是想看他所不曾看到的或不能看到的，做人所做不到的，才算难能可贵。所以学看的人，应先学看车子木柴等大东西；学听的人，应先听撞钟的声音。如此一来，内在的功夫到了家，外在的变化就微不足道了。既然外在变化微不足道，那么名声也不一定要显现出来。'现在我名闻诸侯是违背我老师的教诲了啊！然而我的成名，并不是力求表现我的力大而得，而是我善于运用所谓力气罢了，这不是远高过那些只知表现大力气的人了吗？"

有真功夫的人都深藏不露，高不可测，如果只从外表去看，只是一个凡人罢了，必须在非常的状况下才能显现出他的功夫。

言过其实

中山公子牟，是魏国的贤公子，平日与贤人游处，不理国事，尤其喜欢和赵国人公孙龙子在一起谈天论理。

魏国的乐正子舆的徒弟因此讥笑公子牟。公子牟不服气，就问：

"你们笑我喜欢和公孙龙在一起是什么意思？"

子舆说：

"公孙龙的为人大家都知道，平日言行目无尊长，对朋友也妄自尊大，不知自律，虽有辩才却偏激无理，而且立论杂乱毫无根据，也不知是出自哪一个门派，且好发夸诞奇怪的言论来蛊惑人心，弄得人人口服心不服，他还自以为得意，和韩檀等人终日放肆狂言。"

公子牟听了，脸色都变了，急忙说：

"为什么你会把公孙龙说成那个样子呢？你能不能举出实例。"

子舆说：

"好的！譬如公孙龙骗孔穿（孔子六世孙）这件事来说吧！公孙龙说：'有一个善射的人，能够一连发好几箭，每一箭都是后箭的箭头接着前箭的箭尾，如此箭箭连发，最前面的一支箭向着目标前进不会掉下来，而最后面的一支却箭尾还在弦上，看起来就像一支很长的箭一样。'孔穿听了惊讶得张着嘴巴，公孙龙又再度吹牛说：'这还没有什么了不起的呢！以前神射手逢蒙的弟子鸿超更了不得。有一天，因为不满他的妻子，想吓吓她，于是拿起最名贵的乌号弓，搭上最好的綦（qí）卫箭，准备射她的眼睛，说也奇怪，箭尖虽然对准了瞳孔，而且眼睛眨也不眨一下就射了过去，就在快射到的时候箭就掉到地上，连尘土都没有扬起。'像这些荒谬的话，难道是一个智者所该说的吗？"

公子牟说：

"智者所说的话，本来就不是愚者所能了解的，后箭头射中前箭尾，是因为后发的箭与前箭完全一样，所以可以连成一线，而用箭瞄准瞳孔，眼皮都不眨一下，那是懂得顺着箭的射势，所以能够巧妙地控制着箭，在快射到的时候掉下来，这是很合理的事，你有什么可怀疑的呢？"

子舆说：

"你是公孙龙的徒弟，当然替他掩饰缺点，我再举一个更过分的事。有一次公孙龙骗魏王说：'有心人就是没心人，有所指正就是有所偏差，一个物体拿来剖分是永远分不完的。'他又说，影子是不会移动的，一根头发可以吊千斤重的东西，白马非马，孤牛犊不曾有母亲等等不伦不类的谬论，真是多得说不完。"

公子牟说：

"你听不懂高妙的言论却以为是谬论，其实错的全在你自己。现在我把公孙龙所说的道理解说给你听。首先是'有意不心'，主要是说一个人心无所思则万理皆同，因此有心人就是无心人；其次'有指不正'，是说无所指正则万物皆正，所以随便指正反易造成偏差；如果存心分物，强行剖半，分了又分，永无分完的时候，所以说是'有物不尽'；影子处在不断的变动中，所以说'有影不移'；而一根头发用来吊引千斤重物，只要用力平均就不会断绝，因此他说'发引千钧'；'白马'的'马'是指它的形，'白'是称它的色，形和色相离了，所以他说'白马非马'；孤牛犊不曾有母亲，有了母亲就不算孤牛犊了。"

子舆有点不愉快，只好说：

"你老以为公孙龙的话都有道理，我如果再把其他荒谬的事例说出来，你也会替他辩解，那我还能说什么？"

公子牟愣了一愣，默默地想了很久，然后说：

"等以后有机会再向你请教好了。"

两人就此不欢而散。

对一件事情的评判，往往因立场不同，而得出的结果也不同，公孙龙的言论可以说是曲高和寡，所以为人非议，而公子牟则是一个难得的知音。

禅让之外

尧治理天下五十年，自己也搞不清楚天下是否已经平治，更不知道百姓是否拥戴自己，问朝廷左右的人，大家也说不知道。

于是问在外朝办事的人，他们也说不知道。

再问乡野贤士，他们依然不知道。

无奈之下，尧只好换上平民的衣服，偷偷出游，到了康衢镇，就听到孩子们在唱歌谣：

有饭吃饭，有衣穿衣；

无我无你，亦不我欺；

顺帝之则，不识不知。①

尧听了很高兴，就问小孩：

"这些歌是谁教你的？"

孩子们说：

"我们从大夫那边听来的。"

于是去问大夫，大夫说这是古诗。

于是尧回到宫廷，立刻召舜入宫，把天下让给舜，而舜也没有推辞就接受了。

关尹听到这个消息很高兴地说：

"一个人如果功成身退，不执守己有，就是通达事理，与世无争的智者。这种人的行为像水一样的流顺自然，心境像镜子一样的明澈可鉴，胸怀像回音一样的磊落不欺，所以他所表现出来的道和一般事理完全吻合。人世间的事理常违背自然之道，但自然之道绝不会违背事理，一个善于运‘道’的人，不用耳听，不用目视，也不用力行，不用心思，只要顺着自然就可以了。因此，如果为了得‘道’而拼命去目视、耳听、体行、心思的人是永远无法得‘道’的。因为‘道’是很奇怪的东西，眼看着就在眼前，忽然又跑到后面去了。用心去求它，自然布满天地，不用心去求它，就不知道它在哪里。当然，这个道也不是有心求它的人就可以抓得到的，也不是无心求它的人可以亲近的，只有在自然无为状态下才可能偶然得到它，得到以后，必须自然无害才能保有它。知道事物真理而能忘掉真理，能够做到的事情而不去刻意完成，才是‘真知真能’的人啊！如果刻意地去装作无知的样子，哪能得到事理的真相？刻意地装作无能的样子，又怎么能有作为呢？那只像聚拢积尘一样，看起来是无为，其实是不真诚的。”

禅让的事，必须合乎人心，顺应时势，才能顺理成章，否则勉强禅让，总有沽取清誉的嫌疑。接受禅让，也应该顺天应人，不将不迎，才是一个真知真能者的作为，尧和舜可谓得此中三昧，才能做得这样完满。

【注释】

① 原歌谣是："立我蒸民，莫匪尔极。不识不知，顺帝之则。"

第五章　汤问

奇异世界

殷汤问夏革："混沌一片的太古时代有生物存在吗？"

夏革说："如果太古时空无一物，那现在怎么有生物呢？这正如后世人猜测我们这个时代没有生物一样不合道理。"

殷汤说："这样说起来，物的生成是没有先后之分？"

夏革说："生物何时开始，何时终了，实在很难肯定。万物开始的时候，也可能是终止的时候，从古到今循环不已，我们根本无法知道它的分际，所以生物生成之前，或事情发生之前，都不是我们所能知道的。"

殷汤追问："那么上下八方有边际吗？"

夏革说："不知道。"

殷汤又追问，夏革只好说：

"无就是无极，有就是有尽，又无极又有尽，我怎么知道边际在哪里？当然啦！无极之外又有无极，无尽之中又有无尽，无极再无极，无尽再无尽，这样循环不已，所以我敢肯定地告诉你，上下八方是无极无尽，当然就不晓得边际在哪里了。"

殷汤又问:"四海之外有些什么特殊的事物呢?"

夏革说:"没有什么特殊的,和我们所住的中州一样。"

殷汤说:"你怎么证明和中州一样?"

夏革只好继续说明,他说:

"如果我们从这里往东走,可以到'营'的地方,当地的人民和中州完全一样,如果你再问他们,从营再往东走情况怎样?他们说也和营一样。然后,我们如往西走,可以到达'豳'(bīn)的地方,那里的人民和我们中州也一样,再问他们豳以西的情形,他们也说和豳一样。因此我敢说四海八荒之内并没什么不同,只是地域或大或小,互相包含,无穷无尽而已。天地广大可以包含万物,所以是无穷尽的,而太虚又可以包含天地,所以是无极无尽的,但是我怎么知道天地之外是否有比天地还大的呢?这些都不是我所能知道的啊!"

夏革顿了一顿,又说:

"然而天地也只是宇宙的一部分而已,既是部分,总有它缺失的地方。据说天神女娲曾炼五色石来补天的缺口,又砍断大龟的腿来撑住天地,免得塌下来,于是天地有了四个柱子。后来共工氏和颛顼(zhuān xū)为争夺帝位,用头把西北的柱子——不周山给撞倒了,因此天柱断了一根,而系住天盖的四根大绳也断了一根,结果天盖就向西北倾斜,天盖上的日月星辰都因此滑向西北,使东南方变得空虚,所以百川之水都流向东南了。"

殷汤越听越有趣,于是又问:

"那么物有大小、长短、同异的分别吗？"

夏革越说越起劲，于是又滔滔不绝地说了一大堆道理，证明物的大小、长短、同异是没办法知道的。他说：

"在渤海国的东方不知几亿里的地方，有个无底的大坑谷，因为坑谷下没有底，所以称为'归墟'，天地八荒的水都流注到这里，而'归墟'水量却不曾增加也不曾减少。

"在这个归墟里有五座山峰：第一座叫岱舆，第二座叫员峤，第三座叫方壶，第四座叫瀛洲，第五座叫蓬莱。这些山的高度和广度都在三万里左右，山和山之间的距离约七万里，而山顶的平台也有九千里宽。平台上筑有观台，都是金玉堆砌而成的，观台上有许多禽兽，都穿着纯丝制成的衣服，观台长满了玉树，玉树所结的果实都美味可口，吃了可以长生不老。

"住在那里的人，不是仙人就是圣人，他们交情很好，天天都是你来我往无数次。因每两座山距离都有七万里，所以第一座和第五座的距离就远达二十八万里，因此他们都是往来飘飞，优哉游哉，好不快活。

"遗憾的是这五座山的根柱没有连接好，所以常常随着'归墟'里的潮水上下波动，没法静止下来，仙圣们常引以为苦，于是向天帝报告，天帝也担心这五座山被水流冲到西极之地，使仙圣们没有住的地方，就命看管巨龟的神叫作禺（yú）强的，派十五只巨龟用头顶住这五座大山，十五只龟分成五组，每组三只负责一座山，轮番工作，六万年换一次班，这五座山才算稳住不再漂动。

"事有凑巧，龙伯国有个巨人，到外地钓鱼，走不到数千步就到了'归墟'这个大坑谷。于是拿起钓竿，一次就钓走六只大龟，往背上一拎，快步回到龙伯国，吃龟肉，钻龟壳，大快朵颐一番。

"因为被钓走了六只大龟，所以岱舆、员峤二座山失去负载，就被漂流到北极，然后沉到大海里，弄得众仙圣流离失所，一亿多人播迁他方。

"天帝大为震怒，削减了龙伯国的土地，使他们生活困厄，缩小龙伯国人民的身体，免得再作怪。不过，龙伯国人民虽然缩小了，但传到伏羲神农时代的人，还有数十丈高呢！

"相反的，从中州向东四十万里的地方，有一个僬侥（jiāo yáo）国，那里的人民只有一尺五寸。东北极地也有一种叫净人的，他们的身高只有九寸，你说奇不奇怪？又听说在荆楚之南有一种龟叫冥灵的，在它的生命里，一个春天就有五百年，一个秋天也有五百年。又听说上古有一种树叫大椿，过了八千年才算过一个春天，八千年才算一个秋天。相反的，在腐木粪壤上有一种菌类，它们早上生晚上就死了，而春夏之间也有一种虫叫作蠓蚋的，它们靠下雨而出生，见了阳光就死了。

"在地球最北方，有个大海叫作溟海，也叫天池，池里有一种鱼叫鲲，身宽数千里，身长也有数千里。另外又有一种鸟叫作鹏，它的翅膀像盖天的云那么大，身体也是硕大无朋，世上的人都不敢相信会有这等怪物呢！所以大禹去见伯益时知道了这个怪物才替它命名，夷坚知道这个怪物也立刻把它记下来。

“江浦之间有一种细虫，名叫焦螟，成群结队地聚集在蚊子的身上，住了一个晚上然后离去，轻巧得连蚊子都没有发觉。甚至连那个能百步望秋毫之末的离朱、子羽，在大白天聚精会神地睁眼细看都看不到焦螟的形体；耳朵最灵的鯱（zhì）俞、师旷也曾在寂静的夜晚，低头贴耳细听，也听不到焦螟的声音。只有黄帝和容成子住在空峒之上一起斋戒了三个月，弄得心如死灰、形若枯木了，才在恍恍惚惚中看到焦螟，原来是个庞然大物，高大如嵩山。在气若游丝时再凝神谛听，发现焦螟的声音听起来像雷霆一般，轰隆不止。

“吴楚的地方，有很高大的树木，名叫櫾（yòu），树叶碧绿色，冬天成长，果实红色，味道酸酸的，吃了它的皮和汁，可以治疗昏厥的疾病，中州人非常珍爱它，可是被人移到淮水之北以后，竟变成了一无用处的枳。

“鸜鹆（qú yù）平日生活不敢超出济水的范围，貉如果游过汶水就会死掉，这是因为地气的适应有差异的缘故。虽然形势和地气不同，但也都要依其本性生存，不必改变自己去与别人相同，既已生成什么样子，就应自足。那又怎么知道他们之间的大小，怎么知道他们之间的长短，怎能知道他们之间的异同呢？”

这个世界真是无奇不有。从形体的大小看来，有的大如盖天之云，有的小得连百步可以见秋毫之末的离朱、子羽在大白天睁大眼睛都看不到；从生命的长短看来，有的八百年才过一个春天，八千年才过一个秋天，有的却朝生暮死；从生存的异同看来，同样一种东西，在一个环境里是可以治病的珍果，换一个环境就变成一无用处的东西了。在这种难以理解的世界里，就应自足自爱，把握目前所持有的形体，在目前所处的环境好好活下去。

愚公移山

太行、王屋两座山，方七百里，高一万仞，本来坐落在冀州南方，河阳的北方。

在北山上有一个愚公，年近九十岁，就住在山的对面，苦于出路被山挡住，进出都要绕道而行，于是聚集了家里的人商量。愚公说：

"我和你们各尽全力来把这座山铲平，开出一条通道，以便直接往豫州的南方及汉水的北方，你们认为行不行得通？"

大家都异口同声表示赞同，只有他的妻子摇摇头说：

"以你这把老骨头，连魁父这样的小山丘你都奈何不了它，何况像太行、王屋这种大山？而且挖下来的泥土石头要放到哪里去呢？"

大家都说：

"可以把这些土石填入渤海的尾端、隐土的北面。"

于是愚公率领儿子和孙子三个人，挑着畚箕，开始敲石子挖泥土，然后运到渤海的尾端填放。愚公的邻居京城氏的寡妇，有一个儿子才七八岁换牙的年龄，也蹦蹦跳跳地前往帮助。他们忙忙碌碌，筋疲力竭地搞了一年，才往返渤海一次。

这件事被河曲的智叟听到了，就用嘲笑的口气劝止他们做这种傻事。智叟说：

"你这糟老头，实在笨得要命，老实说，以你这种风烛残年，拼着老命也损毁不了山上的一草一木，何况那些无可计量的土石呢？除非你能把它一口吞下去，否则你只有对它哭的份儿。"

北山愚公满脸憨愚地叹了口气说：

"你那颗固执的心，像厕所的石头又臭又硬，我不敢奢望你明白我的想法，但是我要告诉你，你的数学太差，连那个寡妇的小儿子都比不上呢！你想想看，纵然我这把老骨头迟早会没用，但是我死了以后，还有我的儿子继续挖啊！我儿子死了又有孙子，孙子又有他的儿子，这样子子孙孙地挖下去，而山并不会增加，怎么会挖不平呢？"

河曲智叟虽然不太服气，但想到愚公的精神可嘉，只得默默地走了。

后来，管理太行、王屋二山的神听到这件事，大为惊骇，心想如果愚公继续挖下去，把我的地盘都挖光了，那还得了，于是火速向天帝报告。

天帝听了，觉得很新奇，也被愚公的意志所感动，立刻派大力士夸蛾氏的两个儿子去帮忙，半夜里偷偷地把两座山背走，一座放在朔东，一座放在雍南。从此以后，冀州以南通汉水以南的地方再也没有阻碍了。

夸父逐日

夸父不自量力，想和太阳竞赛，看谁跑得快，于是追着太阳的影子，往前赶去。追到隅谷的时候，口渴难忍，想要喝水，四处找水源，好不容易找到了，就一口气把黄河和渭水喝光了。还嫌不够，想到北海的大泽继续喝。于是往北赶去，没想到，只走到一半就支持不住了，把手杖一丢就昏死过去。

经过很长一段时间，他身上的脂肪和腐烂的肌肉，浸渍着手杖，竟长成一片大树林，叫邓林，邓林面积有数千里那么宽广。

大凡一件事，应量力而为，不可恃才傲物，好胜斗强，结果牺牲了自己也无补于别人，何不依顺自然，各行其是，各得其所。

终北之国

大禹说：

"六合之间，四海之内，日月所照，星辰所过，四时所记，太岁所临，神灵所生的一切生物都不相同，有的长寿，有的夭亡，唯有圣人能顺天地之道，依万物之性，使群物各得其所，生死各依其份。"

夏革说：

"然而有的东西也不必待神灵而能生，不必阴阳所成而能成，不必日月所照而自明，不用杀戮就会自己死亡，不用蓄养它会自己长寿，不需五谷也能维持生命，不必丝绸自能保暖，不用舟车也能行走，这是很自然的生命之理，并非圣人所能想通的。"

后来大禹就发现许多奇奇怪怪的事物。

有一次，禹治水时迷了路，糊里糊涂，走到一个国家，问当地居民才知道是在北海的地方，离中州已有好几万里远的地方。

这个国家叫终北国，国里的人都不知道他的国家疆界是从哪里到哪里，他们只知道生活在那里没有风霜雨露，没有鸟兽虫鱼草木，四面都是一望无际的平原。平原中间有一座山，名叫壶领，形状很像甋甀（dān zhuì，瓶子的一种）。顶端有口，形状像圆环，名叫滋穴。瓶口源源不断地涌出一股泉水名叫神瀵（fèn），散溢出来的香味比兰椒还要香，尝起来味道比醪醴（láo lǐ）还醇，泉水流出后分成四道水流，流到山下。

这些水流，流遍终北国，使全国土气祥和，没有瘴疬等毒气，人性温婉而不争夺，心地柔善，骨质娇弱，大家和睦相处，不骄傲，不猜忌，年长年幼的都住在一起，没有君臣之分，男女杂处游戏而无所别，不说媒，不嫁聘。近水而住，不耕种不稼穑；土气温暖合度，不织布，不穿衣；百岁以后自然死亡，不夭亡，不生病。人民愈来愈多，生活在喜乐之中，对死亡、衰老、哀苦都能看得开。

当地习俗好音乐，常常相携而唱乐，从早到晚乐之不疲，饿了倦了就喝神瀵泉，可以使体力心志平和，如果喝得过量就会醉倒，要经十天才能醒过来。用神瀵泉洗身，可以使皮肤光洁，色泽明亮，而且香气十天之内不会消散。

周穆王北游时，曾经过终北国，流连了三年，不想回去。后来勉强回去了，还是念慕不已，整天恍恍惚惚，像失了神志一样，连酒肉也不想吃，后宫的嫔妃御妻也提不起兴趣，经过好几个月才恢复正常。

管仲曾怂恿齐桓公也去游玩一番，于是两人准备一起到终北国的辽口去游历。准备就绪以后，大夫隰（xí）朋却向桓公劝谏说：

"大王何不放眼看看齐国，土地那么广大，百姓那么众多，山川那么美好，作物那么丰富，礼义那么昌盛，服饰那么美好，后宫佳丽那么美艳，朝廷文武那么忠良，只要大王发号施令，百万士卒就听命如仪，诸侯俯首听命，可以指挥若定，又何必羡慕那么远的终北国，而抛弃齐国的社稷，到戎狄蛮邦呢？管仲已经老耄昏瞆（kuì），不明事理，何必听他的话呢？"

桓公听了这番劝谏，只好作罢，然后把隰朋的话告诉管仲。管仲说：

"这不是隰朋所能想象得到的，我担心的是终北国找不到呢。

至于齐国的富有，又有什么值得留恋，隰朋的话也没有什么好考虑的。"

终北国的境界，正是道家的"理想国"，在那里可以不争夺，不猜忌，无长幼尊卑，无耕织稼穑，不生病不夭亡，和睦以生，自然以死，虽富厚如齐亦不能与之相比，无怪乎管仲欲往游以了此生。

异国奇俗

南国的人们都披头散发，全身赤裸。而北国的人只围鞨（mò）巾穿皮衣而已，唯有中国人戴高帽子，穿华丽衣裳，充分利用土地，有的务农，有的从商，有的打猎，有的捕鱼，食用充足，所以冬天可以穿暖和的皮裘，夏天穿轻便凉爽的葛布衣，经水路有船只，走陆路有车马，一切不用刻意求取就能得到，顺性所需，达成目的。

越国的东方，有个小国，他们的习俗很残忍，每一家都要把第一个出生的长子剖分给大家吃，这个习俗叫"宜弟"。而且在这里，父亲死了，就要把母亲背着抛弃在荒郊野外，因为那是"鬼妻"，不可和她在一起。

楚国的南方有炎人国，他们的亲人死了之后，把身上的肉剔掉，然后将骨架埋起来，这样才能被称为孝子。

秦国的西边有仪渠之国，他们的亲人死了以后，就聚积柴木放火烧尸，使烟火上升不止，叫作"登遐"，这样才能被称为孝子。

以上都是在上位的规定如此做，在下位的百姓就遵照着做成了习俗，也没有什么可惊异的。

日近日远

孔子出外游览，看到两个小孩在口角，于是走上前去问他们原因。

其中一个说：

"我认为太阳初升的时候距离我们较近，中午的时候距离较远。"

另外一个说：

"我认为太阳初升时离我们较远，中午的时候离我们较近。"

先前那个小孩又说：

"太阳初出时大如车盖，到中午时就只像盘碗大小，这不是远的小，近的大的道理吗？"

另外一个又说：

"太阳初出是沧沧凉凉，到中午时热如探汤，这不是近的热，远的凉的道理吗？"

孔子听了，也糊涂了，没法替他们做个评判。

两个小孩就反过来笑孔子说：

"大家都说您很聪明，竟连这种小事都解答不出来，哈哈！"

詹何钓鱼

天下事理，一个"均"字最重要，一般器物也是如此，譬如一根头发虽然很细，但只要均匀，那么用来悬吊任何轻或重的东西都不会断；如果不幸断了的话，也是因为发不均匀的缘故。

一般人都不见得通达事理，但也有通达的人，下面就是一个事例。

楚国有一个人叫詹何，平日喜欢钓鱼。他钓鱼时，用单一的茧丝为钓线，用麦芒当鱼钩，用荆条当钓竿，然后把一粒米剖为两半，当作鱼饵。

准备妥当后，把像车轮般的大鱼赶到百丈深渊里，他才开始钓鱼。结果，钓到了大鱼而他的蚕丝做的钓线却不曾断过，麦芒做的钩也不会被拉直，荆条做的钓竿也不会弯曲。

楚王听了很好奇，就派人请他来，问他是什么原因。

詹何说：

"我曾听以前的大夫说，神射手蒲且子在射箭时，都是用很软弱的弓，用很细的缴（系箭的绳）来系箭，射出去以后，箭能够随风飞振，在高空中射穿两只鸧（cāng）鸟，这都是他用心专一，用力平均的缘故。我非常钦慕他这一点，所以放下其他工作专心学钓鱼。花了五年时间，才算完全体会出他的道理，钓起鱼来可以得心应手。每当我到达河边以后，就拿起钓竿，心无杂念，一心只想着鱼，所以投钓线，沉钓钩，纯熟入理，感觉不出轻重，所以入水以后不会造成任何骚动。鱼儿们看到我的钩饵，都不以为是饵，所以都很自在地吐一吐唾沫，张嘴就吞钓饵，一点都不考虑。这就是我'以弱制强'、'以轻致重'的道理。大王治国如果也能用这种方法，那么天下可运于掌上，那还有什么做不好的事呢？"

楚王听了说：

"很好！"

詹何钓鱼的秘诀，主要在平均、在柔弱，能均就可以承受重物，能弱就可以制强，所谓"滴水可以穿石"就是以弱制强的结果。

扁鹊换心

鲁公扈和赵齐婴两人有病，同时请扁鹊来医治。扁鹊把两个人都医好了，然后告诉他们说：

"你们这次的病，都是由体外传染的病菌，干扰了腑脏所致，是极普通的病，用一般药石就可以治好。不过我又发现你们有另外一种全身的病，让我一并替你们治好。"

鲁公扈和赵齐婴说：

"我们先听听你的治法。"

扁鹊告诉公扈说："你的心志强而质性弱，虽然足智多谋却缺少决断力。齐婴与你相反，他心志弱而质性强，所以能当机立断却太过于刚愎自用，如果能把你们两人的心交换一下，那就两全其美了。"

于是扁鹊拿毒酒给两人喝，喝下去以后昏死三天。扁鹊就动手剖开他们的胸腔取出心脏，换好后再缝合，敷上神灵般的特效药，等他们醒过来时，已经完好如初了。

两人辞别出来，各自回家，奇怪的事就发生了。公扈走到齐婴的家，见了妻子，妻子完全不认识他；而齐婴回到公扈家，见了妻子，妻子也不认识他。

事情就这样弄僵了，二人都提出诉讼，希望扁鹊做个公道，扁鹊当然知道诉讼的原因，向他们解释以后，事情才算了结。

世称扁鹊为神医，于此换心看来，真个神乎其技，然世无全能全情之人，天生何等样人就以之为贵，大可不必换心而徒增纷扰。

师文学琴

古时匏（páo）巴善于弹琴，每当他弹琴时，空中的飞鸟听到了都跳起舞来，水中游鱼听了也都跳跃不止。

郑国有一个乐师叫师文，得知这个奇技，就决心学好这种专技。于是离家到当时有名的琴师师襄那里学琴，结果笨手笨脚，调弦按指无法灵巧运用，学了三年，弹不成一首调。

师襄说：

"你可以回去了。"

师文只得放下琴，长叹一口气说：

"我并不是不会调琴按指，也不是乐章配不成曲，而是因为我所想的不在弦，我要弹的不是声音，如果我内心不能有所得，就不能弹出我所要弹的，所以我一直不敢动手拨弦，希望稍停一段时间，看看情形再说。"

师文回去了一段日子，又再来拜师襄继续学琴。

师襄说：

"你近来有什么心得？"

师文说：

"我已经领会出来了，让我弹给你听听。"

于是正值春天的时候，他弹商弦的南宫调（商为金音，属秋；南宫为八月律，秋声），似乎天气渐渐转为秋天，凉风飒飒吹来，草木也都结果成熟了。

到了秋天时，他又弹角弦的夹钟调（角为木音，属春；夹钟为二月律，春声），立刻天气就变成春天一般，和风徐徐，草木都欣欣向荣起来。

正当夏天的时候，他又弹羽弦的黄钟调（羽为水音，属冬；黄钟为十一月律，冬声），霎时间，就好像冬天一般，霜雪缤纷，河川冻结。

等到冬天时，他又弹徵（zhǐ）弦的蕤宾调（徵为大音，属夏；蕤宾为五月律，夏声），立刻天气好转，阳光炽热，厚厚的冰立刻解冻了。

最后他弹命宫调，四弦同时拨弄，但见和风送爽，庆云飘浮，甘露普降，澧泉涌涌。师襄才兴奋得扪着心高跳起来说：

"你所弹的乐曲已经没话可说了，纵然师旷所弹的清角曲，邹衍所吹的律曲，也不会比你的好，他们应该夹着琴乐拿着管乐跟在你的后面了。"

好的音乐可以使风云变色，可以使游鱼出听，而师文学琴所揭露的消息，使我们知道高人一等的技艺不是光凭外在的技术就能够表现出来，而是要真正的心领神会，凝聚专精才能脱俗远扬，不群于世。

前人说："形而上者谓之道，形而下者谓之器。"百工技艺，世俗乐工，只是器而已，是形而下的，人人可以达到的；唯形而上的道，不是非常之人是无法体味的。

韩娥善歌

薛谭向秦青学唱歌，还没学完秦青的技巧，就自以为学成了，于是辞请回家。

124

秦青也不阻止他，就在郊外路口设宴替他送行。秦青为他举酒道珍重，一面打着节拍唱着悲歌，歌声振动林木，响彻云霄，连天上行云都停止了飘浮。

薛谭听了心有所悟，立刻向秦青请罪，要求回去继续练歌。

秦青说：

"从前韩国有一个擅长歌唱的人叫韩娥，有一次到东方的齐国，因为缺少吃的，所以经过齐的雍门时，就地卖唱来换取食物，然后离去。未料，她走了以后，歌声仍然绕着梁槛（lì）三天都不曾消逝，雍门的人以为韩娥并没有离开。后来，韩娥住在旅店里，旅店的人欺侮她是外地人，百般刁难她，使韩娥感极而悲泣，泣而歌，于是用幽长哀声哭唱，结果全店的老老少少听了都悲伤流泪，三天吃不下东西，于是叫人把韩娥追回来。韩娥回来后，又再为他们唱，这次她拉长了声音，唱清畅愉悦的曲调，所有老少听了都跟着喜悦跳跃，又拍又跳好像着了魔一般无法自制，完全忘记了先前的悲哀。后来，韩娥离开时，他们就送很厚重的礼物给她，因此雍门的人，到现在都擅长唱哀歌，那是当年学韩娥余音的结果。"

伯牙鼓琴

伯牙擅长鼓琴，钟子期对琴音的体会更细致深刻。

每当伯牙弹琴，想着登高山的壮丽时，钟子期就说：

"好美哦！巍巍然，像泰山一样高壮。"

而伯牙想着流水悠悠时，钟子期就说：

"好美哦！荡荡然，像长江、黄河一样悠长。"

举凡伯牙所想，在琴音上表露了出来，钟子期一定能体会出来。

后来，伯牙在泰山的北方游览，突然遇到下大雨，只好在山岩下避雨，心情有点悲凉，就拿起琴来弹，最初是天降甘霖的调子，接着是崩山一样壮阔的声音，每奏一个曲调，钟子期几乎都可以抓住他的心志。

伯牙放下琴叹息道：

"真难得啊！你对琴音体会那么真切，你的想象几乎就是我心里的想象，我还有什么隐瞒得了的呢？"

世谓"知音"，当推伯牙子期为最切当，心有所感，表现在曲调，再由曲调扣入另一个心弦，这种心弦，若非双方都有异常的性灵是不可能如此深切了解的，今知音难觅，又有何可叹？

偃师造人

周穆王到西方巡视打猎，越过昆仑，还没到弇山就折返，在快回到中国的路上，左右献上一位有巧夺天工技能的偃师。

周穆王叫他进去，问他：

"你有什么专技？"

偃师说：

"不论建造什么都可以，但听吩咐，不过臣已造好了一个成品，请大王参观参观。"

穆王说：

"好！下次把它带来，让大家瞧瞧！"

隔了两天，偃师又来拜见穆王。

穆王请他进来，看到他旁边有一个陌生人，就问他：

"和你一起来的人是谁？"

偃师回答说：

"是我所造的，它能说、能唱、能舞。"

穆王非常吃惊，睁大了眼睛，仔细观察，但见那个人举止动作和真人完全一样。偃师碰一碰他的脸，就能唱出合于韵律的歌，握一握他的手，就会跳起舞来，而且跳得韵律节拍毫无差错，各式各样的动作千变万化，完全可以自由控制。

穆王总以为那是真的人，就和他最宠爱的美人盛姬一起在内庭观看表演。

正当表演快结束的时候，偃师所造的人竟然使眼色，调戏穆王左右的宠妾。穆王大怒，立刻下令要把偃师杀掉，以警戒他胆敢用真人欺骗君王，又调戏君王的宠妾。

偃师大为惊恐，立刻把所造的人剖开，一一加以拆散给穆王看，原来都是些皮革、木条、橡胶、油漆以及白色、黑色、红色等颜料所凑合涂画而成的。

穆王仔仔细细地点算，身体里面的肝、胆、肺、脾、肾、肠、胃一应俱全。体外的筋骨、四肢、关节、皮肤、毛发、牙齿也都一项不缺，但都是假造的。

看完了，穆王又命偃师再度凑合起来，结果又和真人一般栩栩如生。穆王好奇心更强，试着把他的心拿掉，结果就不会说话；把肝拿掉，眼睛就不会看；把肾拿掉，脚就不会走路。

穆王到这个时候，才深深叹服说：

"人的技艺，竟然精巧得能与造化万物的天地相比，真是不可思议。"

于是下令叫了两部车，把偃师和人造人载回去。

从前大家都称赞公输班做的云梯巧夺天工，说墨翟造的飞鸢可以飞翔三天而不坠落，可说是极尽精巧了。但自从偃师能造人的消息传出以后，公输班和墨翟的弟子禽滑厘就把这个消息告诉他的两位师父，二人听了，终其一生都不敢再谈技艺的事。

巧夺天工所造的人终不是人，而天地所生的人，把他看开些，又和偃师所造的人有什么两样，大限到时化成枯骨一把，和被拆散的皮革、木条、橡胶一样都不值得了。

青出于蓝

甘蝇是古代的一位神射手，他只要把弓拉满，鸟就从天上掉下来，百兽都伏在地上不敢动。

他的学生飞卫，向甘蝇学射，技术超过了老师。

于是有一个叫纪昌的就拜飞卫为师，立誓要超过他的老师。

首先，飞卫告诉他：

"学射箭第一步是先学使眼睛在任何情况下都可以不眨动，而毫不害怕。"

纪昌谨记在心，回家后就苦练这个动作，自己躺在妻子的织布机下，眼睁睁看着牵引机一上一下地向自己双目刺来而不眨眼。

三年后，纵然拿锥子尖端刺眼眶他都能够不眨眼。

于是，纪昌很兴奋地去告诉师父，想开始学射箭。

飞卫说：

"还早呢！以前是练习不眨眼，其次要练习怎么样凝视才可以，凝视时至少要能够把小的东西看成庞然大物，把细微不清的东西看得清清楚楚才行，你回去多加练习，练习好了再来找我。"

纪昌回去后，就拿牦牛毛系住一只虱子，然后把它吊在南面的窗子上，天天面对它凝望。十天以后，虱子越看越大。三年后，竟然看起来像车轮那么大。这时再看其他的东西，简直就像山丘那么大。

于是，纪昌拿起用燕国兽角所造的良弓，朔方的蓬草所制的劲箭，瞄准后射将过去，一箭就直接贯穿了虱子的心脏，而牦牛毛都不曾被冲断。

纪昌又很兴奋地去告诉飞卫。

飞卫听了，也高兴得跳起来，拍着胸膛说：

"你已经完全体会出来了，可以开始学射了。"

没多久，纪昌就把飞卫的所有技巧都学会了。

纪昌心里估计，现在天下可以和自己相比的，只有师父一个人而已。如果能设计把师父杀掉，自己就天下无敌了。

一天，纪昌在路上遇到飞卫，于是计上心来，突然举箭拉弓想出其不意把飞卫解决掉。说时迟，那时快，飞卫立刻取弓反射，两只箭在空中交会，箭头相碰，双双落地，连灰尘都没有激起。

纪昌一不做二不休，连发数箭，结果都被飞卫一一射落地上。

最后，飞卫的箭已经用完了，而纪昌还有一支，机会不可失，仍狠狠地射过去。飞卫不慌不忙，拿起一根荆棘把箭拨开，没有丝毫差错。

两人都激动得落下眼泪，丢下弓，相互作揖为礼，就在路上拜为父子，并在手臂上刻痕发誓，今生今世不把秘术告诉别人。

纪昌居心叵测，不可谓不令人心寒，然其练箭之苦功，连飞卫都为之感奋，可以想见当他们两人相揖为父子时的惺惺相惜之情。

泰豆心法

造父的师父叫泰豆氏。

最初，造父向师父学习驾车，侍奉师父谦恭有礼，小心翼翼。可是经过了三年，泰豆并没有教他任何诀窍，但造父仍不气馁，反而更为有礼，更为谨慎。

终于，他的谦卑取得了泰豆的信任，于是告诉他说：

"古诗上说：'一个会打造好弓箭的人，一定先学习做好畚箕；一个擅长冶炼之术的人，一定先学会怎样做裘。'你先在我这儿观看我这行业的种种，等了解得和我一样了，就能抓稳六根缰绳，才能够控制住六匹马。"

造父说：

"但听师父指示。"

于是泰豆就在路上安装一个个的木桩，大小仅仅可以站脚，然后按照步伐的长度钉下去，练习快速地从上面走过，不可跌倒。造父来来往往苦练了三天，就已纯熟不跌倒了。

泰豆叹息说：

"你真够聪明啊！这么快就学会了。凡学驾车的人，都是如此起步的。以前你走木桩时，虽然走的是脚，其实用的是心，如此推广到驾车正好相吻合。当你收放马勒口和缰绳的时候，正好和你嘴唇肌肉收缩及胸臆紧张与否相合。双手的掌握是否有节度，用不用力，都能内合于心意，外合于马志，一进一退，缰绳一松一紧合作无间，回旋屈身，中规中矩，一动一静，合乎常理，才能够走得很远也不疲累，这才是会驾车的人。"

泰豆停了一会儿，又继续说：

"这些道理，说穿了也很简单，我们不妨从马勒口开始说起。从马勒口传来的拉力加在马辔上以后，马辔自然也有了拉力，而马辔上的拉力立刻反应到手上，手上自然也有了拉力，手上的拉力再传到心上，所以用'心'就可以指挥全身动作。那时，可以不用眼睛看，不用鞭子打，心中闲适，身体轻松，马车也轻快奔跑如飞。六根缰绳就好像长在自己手上运用自如，而二十四个马蹄腾跃起来也轻快自然，回旋进退无不中节，于是车辆也照着我们的感觉亦步亦趋，无论经过高险山谷或低下平原，都一样平稳。我的技术就只有这些而已，你自己好好体会吧！"

所有技艺到最高境界都是与心相合，所谓"得心应手"就是驾马的最纯熟境界。

来丹报仇

魏国的黑卵，因私人仇恨，一怒之下把丘邴章杀了。

丘邴章的儿子来丹，深感于"父仇不共戴天"，所以到处找人谋划，要替他的父亲报仇。

遗憾的是，来丹空有报仇的志气和胆识，而身体却非常羸弱，食量小得几粒米都数得出来，因此稍大的风吹过来，就好像会被吹毁的样子。虽然仇怒满怀，也无法拿起兵器去替父报仇。

作怪的是他那不自量力的脾气，自己没有力量却以假手他人替父报仇为耻，常常发誓，要亲手杀死黑卵，否则死不瞑目。

偏偏那个仇人黑卵是个凶悍又有蛮力的人，百来个人也不是他的对手，加上他的筋骨皮肉异于常人，譬如他曾经在毫不抵抗的情况下伸长脖子被人砍，也砍不动分毫；也曾裸露胸膛给人用箭射，用力捅，仍然完好无痕。

黑卵自恃体肤坚硬，力大无敌，所以把来丹看成是一只无助的小鸟一样。

来丹正在愁恨交加的时候，他的朋友申他来看他，替他出了点子。申他问来丹：

"虽然你对黑卵恨之入骨，但黑卵根本不把你放在眼内，你准备怎么办呢？"

来丹一听到这话，正如揭了他未痊愈的疮疤一样，眼泪不禁簌簌而下，很难过地说：

"还希望你能帮我忙。"

申他说：

"以前我在卫国时，曾听孔周提过，他的祖先曾经从殷帝那儿得到一把宝剑，这把宝剑佩在小孩身上就足以使三军退却，你何不请他帮帮忙呢？"

于是来丹专程到卫国，拜见孔周，请求当他的仆人，并替他驾车，又把妻子押在那儿当人质，然后说出要借剑报仇的愿望。

孔周知道他的苦心孤诣，就告诉来丹说：

"我这儿有三把剑，任你选择，但这三把剑都无法杀人，让我先说说它们的特性。第一把是含光剑，这把剑的特性是看不到它的形体，运作起来也感觉不出它的存在，当它与外物接触时，浑浑然无边无际，所以剑锋划入人体，也没有感觉。第二把是承影剑，这把剑在天快亮或接近黄昏的时候，拿它朝北仔细瞧瞧，勉强可以看到淡淡的形象，好像有什么东西在那儿，但又看不清它的形状，当它与外物接触时，似乎有种不太真切的声音，而剑锋切入人体也不感觉疼痛。第三把是宵练剑，这把剑白天时只看得见影子而看不见光，晚上只看得到光，而看不出形状，当它与外物接触时，刷一声切过去，随时切开随时复合，只觉得有点疼痛，但不流血。这三把剑已经保存了十三代，都没有用过，一直都封在匣子里，不曾开启过。"

来丹说：

"虽然如此，我敢请借用第三把宵练剑报父仇。"

孔周看他诚恳，就放了他的妻子，然后斋戒七天，功德完满后，才趁着晚上把剑拿出来，跪捧着剑，很郑重地交给来丹。

来丹也怀着感激而又恭敬的心情，一再拜谢，然后接过宝剑回去报仇。

来丹提着剑，跟踪黑卵，好伺机报仇。事有凑巧，给他抓住了一个机会，趁着黑卵喝醉了酒躺在窗户旁的时候，出其不意地举剑从黑卵的脖到腰间连砍三剑，而黑卵没有感觉。来丹以为黑卵被他杀死，所以很快地提剑退出去，准备离开。正好又碰到黑卵的儿子站在门口，来丹又举剑连砍三下，都好像砍空气一样，毫无着力的感觉。

黑卵的儿子笑他说：

"你为什么斜里向我虚晃三剑？"

来丹知道他的剑不能杀人，只得叹口气就回去了。

黑卵酒醒以后，就骂他的妻子没有好好服侍他，让他睡在窗下，着了凉，以至于腰部有点不舒服。他的儿子告诉他说：

"刚刚来丹在门口碰到我，手里拿着剑向我晃了三招，也使我觉得身体不舒服，四肢有点酸麻，是不是他也怨恨我呢？"

来丹虽然没有真正杀死黑卵，但他至少已经完成亲手杀黑卵替父亲报仇的心愿，至于死不死，那是另一回事。而那把宵练剑可真好用，不但杀人不见血，而且杀人不会痛，甚至对方被杀了也还不知道，世上若有此剑倒可以替人泄愤而不露痕迹，不受刑罚。

又传说周穆王征伐西戎时，西戎献上锟铻剑及火浣布。那把锟铻剑只有手掌那么长，却是纯钢制成的，颜色火红，用它来切坚硬的玉石就好像切泥土那么快利。

而火浣布更奇特，平常用脏了，只要放在火里烧一烧，布被火一烧就变成火红色，而布上的脏东西仍然是布色，烧了一段时间拿出来抖一抖，把垢物振落以后，火浣布就干净洁白像雪一样。

魏义帝①认为世上没有这种东西，传说那是虚妄的。而萧叔说："太子虽很有自信，但也不能枉屈事实啊！"

【注释】

① 《抱朴子·论仙》云："魏文帝谓天下无切玉之刀，火浣之布，及著《典论》，尝据言此事。其间未期，二物毕，帝乃叹息，遽毁斯论。"故此太子应指魏文帝。

第六章　力命

力与命争功

有一天，力告诉命说：

"你的功劳根本比不上我。"

命很不服气，立刻反驳说：

"你对天地万物有什么功劳？竟想和我比高下。"

力回答说：

"譬如一个人寿命的长短，命运的穷困通达，生活的贵贱贫富，都由我左右。"

命说：

"彭祖的聪明比不上尧、舜，却寿长八百，真正的老不死。颜渊天纵英才，却十八岁就夭折而死；仲尼的才德天下诸侯都钦服不已，却在周游列国时被困在陈、蔡，差点没饿死；商纣的行为多为人所诟病，尤其和微子、箕子、比干三个仁德的人相比更令人摇头三叹，但商纣高居万人之上，得到应有尽有的享受；季札仁德又知礼，为了推让吴国的君位给他哥哥而流落在外受苦，田恒野心勃勃却篡夺了齐国；伯夷、叔齐因不食周粟而活活被饿死在首阳山；季氏贪污，刮民膏脂，却比大富翁展禽还有钱。像这些你都可以全权左右的，为什么弄得该长寿的却夭折，该夭折的却长寿，甚至弄得圣人穷困潦倒，逆竖小人一帆风顺，贤达的人身处卑贱，愚昧的人养尊处优，善良的人贫苦，邪恶的人富有呢？"

力说：

"照你这样说，我是根本没有功劳了，但你想想看，之所以弄得这样颠颠倒倒，完全是因为你这个司令在旁边作怪的啊！"

命说：

"既然是命运，又有谁能左右他们，我一向秉公处理，正直的就推举出来，阿曲的也任用他，一切都是自寿、自夭、自穷、自达、自贵、自贱、自富、自贫，我怎能了解他们呢？我怎么知道他们是怎样搞的啊！"

东郭论德命

有一天，北宫子向西门子发牢骚说：

"我和你生长在同一时代，你事事通达而我却半生潦倒；和你是同一族的人，你受人尊敬而我却不能得到族人的谅解；和你一样，两只眼睛两只耳朵一个鼻子一张嘴巴，你受大家爱戴而我却引不起别人的注意；有时和你说同样的话，大家都采纳你所说的而不相信我的；有时和你一起走，别人认为你看起来很忠诚可靠，却把我当成轻浮浅薄的人；和你一起做官，你老是显得比我高贵；和你一起务农，老是你的收获比我多；和你一起经商，老是你赚钱我亏本。天啊！这实在太不公平了。如今我穿的是又短又破的褐布粗服，吃的是和猪吃的米糠粗食差不多，住的也是蓬草所架的破屋子，外出时都是徒步。相反的，你穿的是绣有纹彩的绸缎，吃的是好米好肉，住的是画栋雕梁，外出又有马车代步。在家时，总是不耐烦的样子，大有想抛弃我的心意。在朝廷，总有自得的神色，大有看不起我的表情。请客或拜会时，不曾想到邀我参加，出外遨游也不愿邀我同行。老实说，这种气我已经憋了好几年了，今天我已无法忍受，非提出来说说不可。我问你，你是否以为你的才德超过我？"

西门子听完他连珠炮似的牢骚后，不太高兴地说：

"我也不知道是不是因为我才德比你高，我只知道你做事老不顺利，而我都很顺利。不过，我想这可能就是你才德厚薄的证验吧！而你却认为你的才德和我一样，你是真正的厚脸皮啊！"

北宫子被他抢白一顿，又难过又气愤，觉得很没面子，便捧着一张很难过的脸默默地回去了。

半路上，北宫子遇到东郭先生。

东郭先生问：

"你从哪里回来？怎么走路没精打采，表情也那么难看？"

北宫子就把刚刚发了一阵牢骚，反被奚落一顿的情形告诉东郭先生。

东郭先生说:

"别难过,我陪你再到西门子那边讨回面子。"

东郭先生就和北宫子一起去找西门子理论。

见了面,东郭先生劈头就说:

"你为什么这么过分,这样侮辱北宫子,你给我解释解释,否则跟你没完。"

西门子说:

"北宫子说他的世族、年龄、面貌、言行都和我相等,而卑贱尊贵、贫穷富有却和我迥异。我就告诉他,我不知道真正的情况,但是他做事不顺,我凡事顺利,这可能是才德厚薄的证明,而他却说什么都与我等列,所以我说他厚脸皮。"

东郭先生说:

"你所说的厚薄不过是指才德的差别,而我认为的厚薄却和这个不一样。照我看来,北宫子是厚于德而薄于命,而你是厚于命而薄于德,所以你的顺利通达是命好并不是才德高。北宫子的穷困卑贱不是才德低而是命运不好。这些现象都是自然而然的事,并不是人事巧拙所造成的。而现在你竟以命好自以为了不得,北宫子以德厚而自惭形秽,两人都是没有认清自然界的道理啊!"

西门子听到这里,立刻打断话题说:

"你别再说了,我以后不再这样就是了。"

北宫子回去以后,穿起粗布衣服,觉得和穿狐裘皮衣一样温暖，吃大豆也觉得和吃好米粱一样有味道，住蓬室也感觉和高屋广厦一样自得，乘坐破柴车也感觉和坐漂亮的彩车一样舒适，终身怡然自得，不知道荣辱之别，是我好呢，还是别人好？

东郭先生知道这个情况后，很感叹地说："北宫子实在被世俗蒙蔽太久了，由于我一句话就醒悟，可算是很开通的人啊！"

管鲍之交

管夷吾和鲍叔牙两人感情非常好，两人都是齐国人，一起在齐国做事。管夷吾辅佐公子纠，鲍叔牙辅佐公子小白。

齐国因为僖公宠爱的妃子很多，所以太子和世子嫡庶之间地位相等，争执时有发生。国人都担心会发生变乱，因此，管仲和召忽协助公子纠出奔到鲁，鲍叔牙协助公子小白出奔到莒城。

不久，公孙无知叛乱，杀死襄公自立为齐君，后又被人所杀，齐国没有君主。公子纠和小白争相夺取回去当齐君的机会。

于是，管夷吾带兵和公子小白在莒城交锋。在路上，管夷吾一箭射中小白的带钩。

小白入齐成为桓公，派人攻鲁，杀了公子纠，召忽为公子纠殉命，管夷吾请降被囚。

鲍叔牙向桓公进言说：

"管夷吾是很贤能的人，可以借重他来治理国家。"

桓公说：

"他是我仇人，我想把他杀掉算了。"

鲍叔牙说：

"我听说贤明的君主没有私人的恩怨，而且一个人如果能为他的主人尽力，也一定能为别的君主贡献。如果大王真想称霸天下，没有管夷吾是不行的，难道君上一定要把他除掉吗？"

桓公终于接纳了鲍叔牙的建议，让管夷吾从鲁归顺到齐。鲍叔牙在郊外亲迎，为他除去身上的刑具，带他去见桓公。桓公对他非常礼遇，封给他宰相的职位（比高国公还要高的职位），而鲍叔牙却当了他的属下。

后来，桓公把总揽全国政务的大权都交给他，称为仲父，管仲也不负所托，终于使齐国称霸天下。

但管仲仍常常怀想鲍叔牙的情义，曾经叹息着说：

"我年纪小的时候，家里穷困，所以分东西的时候，我都拿得比较多，鲍叔牙却不认为我贪心，因为他知道我家里贫穷。我曾经帮助鲍叔牙谋划事情，结果搞得一塌糊涂，鲍叔牙不认为我愚笨，因为他知道时机有顺利也有不顺的时候。我曾经三次出来做官，结果，三次都被人辞退了，鲍叔牙不认为我不贤能，因为他知道我是不逢时。我曾经三次带兵作战，三次都打败仗逃了回来，鲍叔牙不认为我胆怯怕死，因为他知道我有老母亲。公子纠战败，召忽为他自杀，而我投降忍受被囚禁的耻辱，鲍叔牙不认为我无耻，因为他知道我是不计小节而以不能扬名天下为耻辱的人。所以，我可以很感慨地说，生我的是父母，但真正了解我的却是鲍叔牙啊！"

以上就是世俗所知"管鲍善交"、"小白善用能者"的事迹。

不过，话说回来，人情事理是很自然平常的，并无所谓谁才是善于交友，谁才能举用真才。当然，我提出管鲍之交不是所谓的"善交"，小白之用管仲不是所谓的"能用"，并不是说世上还有人能比他们更"善交"，更"能用"。而是在我的看法里头，召忽并不是真能为其主殉命，而是在那种情况下他不得不死。鲍叔牙也不是真能举用贤人，而是不得不举用管仲。小白也不是真能以德报怨，举用自己的仇人，而是有他不得不用的苦衷。

后来，管仲生病很重，小白问他：

"你的病已很沉重，我也不忌讳地向你请教，那就是我最担心的事——假如有一天你一病不起，要找谁来接替你的位置呢？"

夷吾说：

"大王的意思是托付给谁？"

小白说：

"鲍叔牙可以吧？"

夷吾说：

"不可以，因为鲍叔牙是个廉洁清高的人，看到一个比不上他的人就羞与为伍，听到人家有过错就记在心里，一辈子都不会忘记。用他来治理国事，容易变得太狷刻，在朝的人不愿听命令，而做出来的事也不能满足民心，如此一来，会有很多事得罪大王，弄得上下不和。而且，这种现象会很快形成，还请三思。"

小白说：

"那要谁才可以托此重任呢？"

夷吾说：

"如果非要我说不可，那么隰朋应当不成问题，隰朋为人谦冲，能够居高位而忘记自己的身份，容易取得下位人的好感。平日常以比不上黄帝等圣人为惭愧，而且哀悯那些不如自己的人。一般说来，能以德分人的就是圣人，能以才分人的就是贤人。如果用自以为是贤人的态度来对待别人，是得不到别人爱戴的；唯有能够以贤人的地位而谦冲自牧，才能得人钦服。这种人对国家的事常常是不很细心地去过问，对家里的事有时也眼不见为净，只要把持住大原则自能治理好这个国这个家，这也就是前人所说'不瞽不聋不可为公'的道理。而隰朋已差不多达到这个标准了。"

然而，这也不表示管夷吾对鲍叔牙太刻薄，而是不得不如此，更不是管夷吾对隰朋特别恩厚，同样是不得已的事。一件事情，往往由于对它特别恩厚而变成刻薄，也往往因特别刻薄而变成恩厚，这些变化都是不可抗拒的，不是我们的力量可以挽回的……

邓析和子产

郑国的邓析喜欢说模棱两可的话，搞永远无法休止的纷争。

当子产执政的时候，设"竹刑"来推行国内，这个方法推行天下，得到大家的赞同，唯独邓析故意责难攻击，弄得子产非常生气。于是把邓析抓来杀了，以绝后患。

然而，这并不表示子产的"竹刑"实行得很好，而是不得不用。邓析也不见得能使子产屈服，而是不得已的事，子产也不见得杀对了邓析，而是不得不杀。

自然界的生死是不可抗拒的，可以生而生是天所赐的福分，可以死而死也是天赐的福分。如果本来可以生却夭折而死，那就是天的惩罚，而应该死的没有死，也是上天的惩罚。

这样说来，有些情况是生是死都无所谓，有些情况或生或死都各得其所。另外也有不可以生的却生了，不可以死的却死了。然而，生生死死之间，说不上应该怎样，反正一切都是命啊！命不是人的智力所能左右的。

所以说，幽远无边际的人事变化，合乎天数，变化无穷，广漠无涯的风云际会，合乎自然运行不止。天地虽大却不可冒犯这个法则，圣人虽聪明也不能干涉这个自然定律，鬼魅多变也不能违背这个原则，一切顺其自然，无为自成，平平安安，生死与我何干。

众医、良医、神医

　　杨朱的朋友季梁得了病，十天以后，病情更加沉重，他的儿
子到处请医生也没有起色，只好守在床边着急。杨朱去探望他，
季梁的儿子都哭了起来。

　　季梁听到儿子们的哭声，就对杨朱说：

　　"唉！我的儿子竟然这么不懂事，你来帮我唱唱歌，来冲淡
这不好的气氛。"

　　于是杨朱唱道：

　　老天不知晓，人岂能知道；

　　老天不保佑，哭号救不了；

　　我哭你也哭，生死何能保；

　　医师和巫术，不能保不老。^①

　　杨朱唱完了，他的儿子还是听不懂。终于又请来了三位医师，
一位是矫氏，一位是俞氏，一位是卢氏，三个人一起合诊。

　　矫氏看了告诉季梁说：

　　"你的病是因为冷热不调和，身体太虚弱，平日饥饱不一，
色欲太过，加上思虑烦乱所造成的，并不是什么妖孽鬼怪作祟，
只要慢慢调养，应该可以恢复的。"

　　季梁说：

　　"这只是一名平凡的众医，叫人立刻把他遣走。"

　　接着由俞氏报告病情，他说：

"你的病是先天胎气所造成，虽然后天奶水很够，也无法补救过来。这种病不是一朝一夕所造成的，而是很早就一点一滴慢慢积成的，到今天已经不可挽救了。"

季梁说：

"这是一个良医，请他吃一顿饭。"

最后卢氏说：

"你的病不是先天造成的，也不是人为因素造成的，更不是妖孽鬼怪作祟。一个人禀受于天的生命一定有它的主宰，不是人所能控制的，你的情形正是如此，再好的药石也没有用啊！"

季梁听了，非常赞同地说：

"真是神医，好好地赏他吧！"

过了不久，季梁的病不药自愈了。

人的生命，不是保养得很尊贵就能长寿不死，也不是照顾得很周到就能健康无病。当然，生命也不是忽视就会夭折，不去照顾就会有所损伤。因此，有些人保养得尊贵却多病早夭，忽视而不去照顾它反而健康长寿。这样一来岂不变成爱护它就是残害它，不管它就是帮助它了吗？

其实也不能这样说，不如说生命是自生、自死、自厚、自薄，因为也有的是爱护它才能生的，忽视它就死去的，保养它是帮助它，忽视它就是残害它。

总而言之，生命是"自生、自死、自厚、自薄"，非人力所能左右的。

【注释】

①　原文是："天其弗识，人胡能觉？匪佑自天，弗孽由人。我乎汝乎！其弗知乎！医乎巫乎！其知之乎？"

杨朱说命

文王的老师鬻熊告诉文王说：

"自然界中天赋的特长，不见得对它本身有帮助，而天生的缺陷，对它也没有什么损害，就像一个人，如果没有聪明才智，又有啥关系呢？"

关尹的老师老聃告诉关尹说：

"有些事，大家都以为是上天所厌恶而不加以厚待的，可是又有谁知道上天如此做，是有意帮助它呢？还是损害它呢？"

这两句话都是老师教导学生，凡事要迎合天意，去逆处顺，那么利害吉凶就都不能伤害他了。

杨布对他的哥哥杨朱说：

"现在有两个人，他们年龄相近，辩才都很好，面貌又相似，可是他们却一个长寿，一个短命；一个富贵，一个贫贱；一个拥有好名声受人爱戴，一个却恶名昭彰为人嫌恶。这实在令我疑惑，他们先天条件那么相似，结果却差别那么大！"

杨朱说：

"古人的道理，有些很有意义，不妨让我说些给你听听，你了解以后，就不会困惑了。你刚刚说，两个人各方面都相似而结果不一样，那完全是自然的命啊！如果你能放眼看看昏昏昧昧的大千世界，整天汲汲营营来来往往的人群，俯仰其中，你可以任意而为，如果你想拼命追求没有人会阻止你，如果你想停止不追求，也没有人会反对你。日出日落，各忙各的，谁知道为什么我会这样？谁知道为什么他会那样？这些说穿了都是命啊！"

杨朱又继续说：

"一个人如果相信命，就不会计较长寿夭折，相信天下至理就无所谓对错是非，有信心就不担心违逆顺遂，有能力就无所谓安全或危险。对生命，对真理，对能力都有信心，就无所必然之事了，就能够内心真诚，信念不移，得失哀乐都影响不了他。《黄帝书》上说：'至人居若死，动若械。'就是指一个有至高修养的人，活着和死去一样，无忧无惧，举止像机器，很有规律地运行着。这种人往往忘了他为什么活着，为什么有那么多可忙碌的，但他不会因四周的人看着他而改变自己，也不因四周的人不看他而做出违背自己的事，这种人才可以独来独往，独出独入，任何人都影响不了他。"

人有智愚寿夭，命有穷通祸福，不是人力所能挽回。杨布的疑惑，实亦人之常怨，唯有在无法齐一的生命里，以超人的胆识和智慧去处理生命，才不致因困顿而愁苦，因生死而忧惧。

日出日落，我生我死，谁知道他为什么这样？也别计较他为什么这样？只要自己有信心，别人的顺逆并不会动摇我的真诚。

能够如此才能纵浪大化中，不喜亦不惧！

人生百态

沉默愚昧的"墨尿 (méi chì)"，轻浮妄动的"单至 (zhàn dié)"，悠闲自得的"啴咺 (chǎn xuān)"，性情暴躁的"憋憋 (biē fū)"，四个人同居共处，极为相得。但相处一辈子了，还是互相不了解，不过他们都以为自己是世界上最聪明的人。

谄媚善言的"巧佞"，愚鲁正直的"愚直"，顽固不通的"媕斫 (àn zhuó)"，善于奉承的"便 (pián) 辟"，四个人同住一起，极为相得，但都不肯显示各人的本领，却自以为是世界上最精细明黠的人。

顽劣狡猾的"獥恢 (qiāo qiā)"，炫耀自满的"情露"，木讷口吃的"讘 (jiǎn) 极"，多言不逊的"凌谇 (suì)"，四个人同居共处，极为相得，但都不肯多了解对方，却自以为是世界上最有才能的人。

专事诈欺的"眠娗 (tiǎn)"，拖泥带水的"諈诿 (zhuì wěi)"，雄壮果断的"勇敢"，畏惧多疑的"怯疑"，四个人同居共处，极为相得，但都不曾互相挑剔别人的缺点，他们自认这样才不违大道。

广结人缘的"多偶",刚愎自用的"自专",专权自恃的"乘权",孤独自立的"只立",四个人同居共处,极为相得,但都不曾相关照,他们自认是最能顺应时势的人。

这些人世百态,虽然各不相同,但每一个都合乎道,都是命运所归啊!

偶然成功的人,在成功之初,并没有想到会成功;偶然失败的人,在失败之初也没想到会失败,就在那种迷惑不定的情况下,做不了抉择,于是花费了很多的时间在似成似败的犹豫里。

如果能明了成败的道理,就不会被外来的祸患所干扰,也不会因内心的喜悦而冲昏了头,随时可以主动去追求某种事物,随时可以停止追求,因为他了解身外的祸福不是我们的能力所能够左右的。

一个信命的人,对外在的及内心的改变,都不会产生或喜或忧的心情。

相反的,一个不信命的人,常常患得患失,纵然蒙住眼睛、塞起耳朵,也无法消除内心的不安。

所以说,死生是自然的消长,贫富是时运的好坏。整日担心寿命不长的人,是不知命的人;整日埋怨贫穷的人,也是不知自然运数的人。

正确的人生应当是,不担心生死,不埋怨贫穷,知命安时地去处理人生,那么,聪明才智高的人,或许因为懂得衡量利害,探清虚实，揣度人情后才放手做事，可能成功的机会就大。但是，聪明才智较差的人，纵然不衡量利害，不揣摩人情，就贸然去做，其结果也差不多啊！所以，利害的衡量或不衡量，虚实的探究或不探究，人情的揣度或不揣度，有什么差别！唯有到达没什么可衡量、没什么可探究的境界，才算超脱而无所丧失，无所不知。能够如此，这百态人生就可以相安无事了。

贪生怕死

齐景公到牛山游览，站在高高的山上，面对着齐国感慨地流着泪说：

"好美丽的城池啊！那么葱郁，那么茂盛，可是我早晚总会离开这大好河山而死掉啊！唉！如果从古时到现在的人都不会死，那我现在又不知在什么地方啊？"

跟随景公游山的史孔和梁丘据听了景公的话，也跟着流下了眼泪，异口同声地说：

"臣等依赖君王的恩赐，有粗肉可吃，有劣马可骑，有破车可乘，这么低的享受就足以使我们不愿死，何况您贵为一国的人君呢！"

大家都在凄然满怀的时候，只有晏子在旁边大笑。

景公抹了一把眼泪，回头看着晏子说：

"我今天来到这里，看到山河，想到人世湮灭，心情变得很悲愁，史孔和梁丘据都被这股悲愁感动得流泪了，唯有你不但不悲哀，反而笑得那么大声，真莫名其妙！"

晏子回答说：

"这很简单，假如古时的贤人到现在都还活着，那么太公望（齐国开国祖先姜尚）和齐桓公（春秋五霸之一）等人，他们现在都还拥有他的君主位，庄公和灵公也都要当齐的君主。既然大家都拥有他的帝位，那大王将会披着蓑衣、戴着斗笠在田里忙碌，为农事天天担心，哪里还有时间想到死的问题呢？而您又哪能做国君呢？您却为此难过流泪，这是不仁不德的表现啊！我今天看到一个不仁不德的君主，又看到两个谄媚的臣子！您说，我能不笑吗？"

景公听了这番话，自己也觉得惭愧起来，于是举酒自罚，也罚史孔和梁丘据。

这一出君臣贪生怕死的闹剧，说明了不敢面对现实，不敢勇于生勇于死的愚昧。人生的舞台上，不管你扮演的角色如何重要，如何受人瞩目，终要落幕的，戏终人散，各有归所，又有什么好悲叹的呢？

死不足悲

魏国东门有一个姓吴的人，他的儿子死了，他一点都不忧伤。和他相熟的人忍不住问他：

"你的儿子死了，再也找不回来了，为什么你一点都不忧伤呢？"

吴先生说：

"我本来就没有孩子啊！没有孩子可以不必忧伤，如今儿子死了，正和我还没有儿子时一样，那我又有什么可忧伤的。"

儿子不是我的，死何足悲！我身非我有，为谁而悲？天下事，若一一细数，可悲的太多，如果为这些生死得失悲痛，那就悲不胜悲了。

第七章　杨朱

实，无名；名，无实

　　杨朱到鲁城去游览，住在他的朋友孟氏家里。孟氏问杨朱说：
"为什么一个人活着不会满足，老想要求名？"

　　杨朱说：

　　"有了好名声，就容易富有啊！"

　　"但已经富有的人怎么还不满足呢？"

　　"富有了，还要求尊贵啊！"

　　"可是已经尊贵的人，怎么还不满足呢？"

　　"还要为死做打算啊！"

　　"既然死了就一了百了，还有什么可打算的？"

　　"为了子孙啊！"

　　"名声对子孙有什么好处呢？"

　　"名声是使人肉体苦楚，心神憔悴的东西，懂得利用名声的人，可以使宗族受到恩泽，使乡里的人得到利益，更何况自己的子孙呢！不过，大凡为追求名声的人一定外表看起来廉洁自守，由于廉洁自守，所以很贫穷，由于很贫穷，所以有廉洁的好名声。

另外，追求名声的人也一定很谦让，由于谦让卑下，所以很低贱，由于很低贱，所以他就有谦卑的好名声。"

孟氏若有所悟，也提出了他的看法，他说：

"管仲当齐国宰相时，国君淫逸，他也跟着淫逸；国君奢侈，他也跟着奢侈，君臣两人志气相合，国君对他言听计从，于是富国强兵之道大行，齐国因此称霸诸侯。但他死了以后也只博得一个管子的虚名而已。而田恒就不一样了，他当齐国宰相的时候，国君骄傲自满时他就谦退自牧，国君向百姓敛财时他就广施恩惠，于是百姓都归附于他，于是后来篡有了齐国，田氏子孙受其遗泽，到今天都不断绝。这样看来，一个实际上富有的人，外表却是贫穷的，而实际上贫穷的人外表看起来是富有的。"

杨朱说：

"前人说：'实，无名；名，无实。'名声只是求利的虚招而已。以前尧、舜假装把天下让给许由，他这样做，外表上得了禅让的好名声，其实他并没有失去天下，而且还享有百年的国祚呢。另外，伯夷、叔齐两人，实际上是孤竹君要把帝位让给他们，他们才逃离国家，饿死在首阳山，没想到却得来清廉的好名声。所以真假的辨别是要这样看的啊！"

名实之间往往是相冲突的，有了好名声，势必失去很多的自我，而没有名气的升斗小民，反而过得真实而又快乐。世间的事，就这样没有两全，有所得，必有所失，得失之间，但看自己的取舍，若想求实，则不用斤斤于名；若想求名，则要忍耐失去实际快乐的事实。

生，暂来；死，暂往

杨朱说：

"活一百岁是年寿中最完美的，然而千年之中也难得有一人如此幸运。假如现在有一个活一百岁的人，看起来是活得够长了，但是用下面的算法来看又不尽然。他的一生，幼年和老年几乎占去了一半，而晚上睡觉所花的时间和白天所浪费的时间，又差不多占去所剩的一半，其他如疾病、哀伤、痛苦、迷惘、忧惧的时候又占去所剩的一半。算一算，十数年之间，能很自在无牵挂的时候，只剩那么一点点而已。那么，人的一生，为的是什么呢？还有什么快乐可言呢？当然，或许有人会说为了丰富厚足的衣食，为美妙秀丽的声色。但是，衣食不缺，并不能长久满足一个人，声色之欲也无法长久使人寄托其中。于是又制造刑罚奖赏等条文来禁止人心的贪求，用名分刑法来限制人的进退。匆匆忙忙的一生，就为了追求短时的虚誉，好让他死后能存留一些给后人追念的光荣。这样一来，一辈子都无法顺着自己耳朵的好恶去听，无法顺着自己眼睛的美丑去欣赏，不能随着自己的心意去辨明对错，结果白活了一辈子，失去了当年真正的快乐，不能尽情地过自己的生活，这和犯了罪被人重重桎梏着又有什么差别呢？

"上古时候的人，明白'生'只是暂时来到这个世界，明白'死'只是暂时离开而已，所以能够随心意所往而向前进，丝毫不违背自然。碰到自己所喜好的，就应该愉悦地接受它，不要拒绝它，能够如此，才不会被名所拖累，才能够依本性去生活，才能不违背万物。至于死后的好名声，不是你活着的时候可以得到的，死后的坏名声就是刑罚也奈何不了你啊！"

综合上面所说，一个人名誉的好坏，在生前享有，或死后享有都无所谓，至于寿命的长短，更是不可预测的。那么，看开这暂来的生，好好地过生活吧！

且趣当生，奚遑死后

万事万物完全不同的是"生"这件事，而完全相同的则是"死"这件事。

想想看，有的人生在有钱人家，有的人生在贫穷人家，有的人生下来贤能又尊贵，有的人生下来却愚笨又卑贱，这是活着的时候免不了的差别，但死了以后却完全相同，统统发臭腐坏消灭无存。

虽然如此，贤能的、愚昧的、尊贵的和卑贱的并不能自己求得，而臭腐消灭也不是自己所能抗拒的。所以生存并不是自己可以使它生存，死亡也不是自己可以使它死亡；贤能并不是自己可以使它贤能，愚昧也不是自己可以使它愚昧；同理，尊贵并不是自己可以使它尊贵，卑贱也不是自己可以使它卑贱。

这一切都是命，都是不相同的生。

因此，天地万物的生存、死亡、贤能、愚昧、尊贵、卑贱都是齐一的。有的活十年就死了，但活百年也是死。仁德圣智的死了，而凶恶愚昧的也死；活着的时候是尧舜那么受人爱戴推崇，死后也只是一把腐朽的骨头，活着的时候是桀纣那么被人厌恶唾弃，死后也是一把腐朽的骨头，所有腐朽的骨头都是一样的，又有谁知道它生前有什么差别呢？所以我们应该把握住活着的时候，何必想到死后的事呢？

这段是杨朱感慨人生短促，贤愚贵贱同为枯骨，所以颓废灰心，认为在这短暂的岁月里，应该尽情享乐，以了此生，不必用心于世事。

贫，害身；富，累身

鲁国的原宪非常贫穷，卫国的子贡做生意非常富有。原宪由于贫穷损害了他的生命，子贡由于富有连累了他的身体。

所以贫穷和富足都是不好的！那么要怎样才好呢？答案是应该快快乐乐地活着，安安逸逸地过日子，不因为贫穷而损害生命，不因为富有而连累身体，也就是说能乐天自足，才不感觉贫穷，能安逸不争，才不会为钱财所累。

　　古语说"生相怜，死相捐"，这句话实在说得太深刻了。"相怜"（怜，爱也）的方法，并非内心表现真诚就可以了，而要从日常生活中去做，劳苦的，想办法使他安逸；饥饿的，想办法使他吃饱；寒冷的，想办法使他温暖；穷困的，想办法使他通达，才是真的做到"生相怜"啊！

　　至于"死相捐"（捐，弃也）的方法，并非连他的死都不哀痛，而是在他死时，不必含珠玉（古时人死口里含珠玉），不必穿文彩的绸缎，不必陈列牺牲，不必设明器（古时人死陪葬的陶瓷等用具），免去那些不必要的繁文缛节，才是真正的"死相捐"。

　　贫有所不足，故害身；富有所不安，故累身。那要怎样才能快乐自足，不伤害、不连累身体呢？杨朱在这里提出"生相怜"来减除贫困，提出"死相捐"来免除不安。

狂人？达人？

　　卫国的端木叔是子贡的后裔（子贡姓端木名赐），靠着祖先留下的财产而富甲一方，所以他也乐得不问世务，任意挥霍，只要是一般人生活的享受，吃喝嫖赌各项玩乐，没有不去追求、不去尽情玩乐的，所以他住的是红墙碧瓦，花园池塘，吃的是山珍海味，应有尽有，出门高车大马，吆喝奔跑，美女宠妾无数，极尽声色享乐，几乎可以和齐、楚的国君相比。举凡心里所爱好的，耳朵所爱听的，眼睛所爱看的，嘴巴所爱尝的，没有不尽情的，没有不满足的，纵使是远地的奇珍异宝，也都刻意地罗致，好像自己家里的东西一样。

他出外游玩更是豪气十足，无论山川如何险阻，路途如何遥远，没有不去的，好像就在家附近一样不看在眼内。他又好客，每天都有上百的客人往来，所以厨房内整天都不曾断过火，厅堂内整天都歌乐不停。又把奢侈自养所剩的钱送给族里的亲人，还有剩下的就送给乡里的人，送给国内需要的人，到了六十岁，气衰体弱了，就抛弃家事，分散库藏的奇珍异宝，连车马衣服、宠妾侍婢一一遣散，一年之间统统散尽，不给子孙留下一点财产。等后来他生病了，也没钱医治，后来他就死了，死后连埋葬的费用都没有，国里的人曾经受他的恩惠的，都纷纷把以前他所送的钱奉还给他的子孙。

禽滑厘听到了这个消息就说：

"端木叔真是个大狂人，他那种做法真使他的祖先受辱。"

段干生听了竟说：

"端木叔真是个通达的人，他的德行比他的祖先子贡还要高。"

这样看来，他的所作所为，虽是刻意的经营却也是真诚而又合情理啊！卫国那么多的君子，都以礼教自我要求，却没有人能比得上他的真诚。

人终是要死的

孟孙阳问杨朱：

"有一个人贪生怕死，整天祈求长生不死，你觉得怎么样？"

杨朱说：

"求也没用，反正人都是要死的。"

孟孙阳说：

"求命长一点呢？"

杨朱说：

"生死有命，并不是特别关照，或天天祈求就能长命的啊！人的身体也不是特别爱护就能保养好的，那又何必想办法使自己长命呢？人的好恶，从古到今都一样，对世事的苦乐，从古到今的感觉都一样，而时代或治或乱变化循环也是从古到今都一样，既然都一样的事，只要听过了，看过了就好了，何况经历那些事也不用一百年时间，一百年已经令人不耐烦了，又何必接受长寿的痛苦呢？"

孟孙阳说：

"既然如此，活得长命不如早些死的好啰！那么干脆踏刀自杀，跳入烫热水中把自己烫死算了。"

杨子说：

"不能这样，既然活下来了，就应该让它自然生长，照着自己的需要来接受死亡；如果快要死了，也要顺其死，不用眷恋难过。能够不愁生，不怕死，又何必担心生死的快慢呢？"

拔一毫以利天下而不为

杨朱说：

"伯成子高不肯牺牲自己任何小利益来成全他人，于是离开他的国家而隐居起来，大禹不为自己的利益打算而为他人牺牲，所以弄得遍体枯槁。古时候的人减损自己身上的一根毫毛来帮助天下都不肯，而天下人把所有的都奉献给他，他也一毫都不取，大家自尽本分不帮助他人，天下自然太平无事了。"

禽子问杨朱：

"拔去你身上一根毫毛就可以帮助全世界的人，你肯不肯做？"

杨朱说：

"这个世界本来就不是一根毫毛可以帮得上忙的。"

禽子说：

"现在假定一根毫毛可以帮大忙，你肯帮助吗？"

杨朱并不答应。

禽子从杨朱那儿退出后，就告诉孟孙阳。孟孙阳说：

"你根本不了解杨夫子的意思，让我先问问你。如果现在有人要攻击你，割伤你的皮肉，然后给你万金，你愿意接受吗？"

禽子说：

"我一定接受。"

孟孙阳又说：

"如果有人要弄断你一只手臂，然后给你一国城池，你干不干？"

禽子不吭声。过了一会儿，孟孙阳说：

"一根毫毛的损失比皮肉受到的伤害微小得太多了，而皮肉受伤害又比断一只手臂更微不足道。但是毫毛积多了以后可以比得上皮肉，皮肉积多了可以比得上一只手臂，一根毫毛固然只是身体的万分之一而已，但也不能小看它啊！"

禽子说：

"照你这样说，我不知用什么反驳你，但是假如我们向老子、关尹子请教的话，我想他会说你是对的（老子、关尹子的学说是贵身贱物），而我们向大禹、墨翟请教的话，他会说我的看法对（大禹、墨翟以贱己贵物为主）。"

孟孙阳无话可说，只得回头和他的学生谈其他的事。

何生之乐

杨朱见梁王，告诉梁王说：

"治理天下，好像把天下放在手掌中操作一般简单。"

梁王说：

"你连一妻一妾都不能管好，三亩的园地都不能管好，竟然说治理天下好像举手之劳而已，这话怎么说呢？"

杨朱说：

"您看过牧羊的人吗？成百的羊群，只要派一个五尺高的小孩，拿着竹节，跟在羊群后面，指使羊群，要往东就往东，要往西就往西。假使现在牵一只羊，手里拿着竹节，跟在羊的后面，就无法随心所欲地指使羊群前进了。而且我听说能够吞下船的大鱼是不在小支流游动的，鸿鹄飞得很高是不随便停在小池塘上的，为什么？因为它的目标远大不可及啊！就像黄钟大吕这种庄严的调子，是无法用来演奏细碎烦人的俗乐的啊！为什么？因为它的音阶很少，细碎的音乐无法表达，所以'治大者不治细'、'成大功者不成小'就是这个道理啊！

"太古以前的事，早就被人忘光了，谁还记得它呢？

"三皇的事，好像存在又好像忘光了；五帝时的事，好像很清楚，又好像做梦一般飘忽。通计起来，三王时的事，有的依稀记得，有的消失无形，充其量亿万之中能记得一件就不错了。甚至身临其境的事，有的可以听到，有的可以看到，大概一万件中记得一件就不错了。眼前的事，有的活生生在这里，有的一闪即逝，也不过千件之中记得一件而已。

"从太古到今天，所经过的年限，已经是无可数记了，单单伏羲以来就有三十万年，其间贤能的、愚笨的、美好的、丑陋的、

165

成功的、失败的、对的、错的，没有一个不消失无形的，只是时间的早晚而已。

"如果为了暂时的毁誉而使自己神形焦苦，得来的虚名也无法使枯骨复生，那活着还有什么快乐可言呢?

"人和天地一样，有喜怒哀乐的本性，而所有生物中最灵巧的是人，但人的手爪牙齿不足以保卫自己，皮肤不能抵抗外来的攻击，快跑不能逃过敌人的侵害，平日没有羽毛保护自己免受寒气侵袭，必须靠其他物资来保养自己，靠智力而不靠体力。但智力的可贵在于能够保护自己的生命，力量的不足恃是因体力常被用来侵害别人。

"我的身体，本来就不是我所拥有，如果已经生下来了，就要让它活下去，不可戕害它。假如有了生命，就很自私地抱住不放，未免私心太重，那等于是蛮横地把天地的生命当作私人的，这是圣人所不齿的行为。

"一个至公的圣人，应该把身体交给天地，把一切财物都看作公众的，这样才不会拖累自己，才可以说是个'至公'的人。"

生既无所乐，死亦无所悲，只要抓住一闪即逝的现在去努力开创就可以是"至公"的人了。

寿、名、位、货

世界上的人，汲汲营营，不得休息的原因是为了四件事在自寻烦恼。第一是寿命，第二是名誉，第三是地位，第四是财物。

拥有这四项宝贝，就足以使人畏首畏尾，烦恼终日，他们怕鬼伤害他的生命，怕人毁坏他的名誉，怕威势夺去他的地位，怕刑罚没收了他的财物，这种人叫作"遁人"。

一个能看开"寿、名、位、货"的人，尽管活着或被杀都无所谓，因为他早把生命置之度外，能顺着自然生死，不会羡慕高寿的人；不把尊贵名声当成一回事，就不会羡慕有名声的人；不追求高的权势，就不会羡慕有地位的人；不贪图富贵，就不羡慕别人拥有的财物，这种人叫作"顺民"。

俗语说："人不婚宦，情欲失半；人不衣食，君臣道息。"意思就是说能看开"寿、名、位、货"，不求官，不追欲，不为衣食忙碌，就可以清心恬淡，怡然自得，也就不需要像君臣那样的繁文缛节了。

周的谚语上也说："田父可坐杀。"原因就是说一个农人早出晚归，忙于农事，自得其乐，喝浆吃菜，自以为美味无比，肌肉粗厚，筋骨劳顿，还是乐之不疲。但是如果有一天要他们住在柔软的华屋毛毯里，吃的是肥肉兰橘，反而会弄得他心痛体烦，内心烦乱躁热，结果百病丛生，纵然整天坐卧而不工作，也等于杀了他一样。

商鲁的国君，想和农夫一起耕地，结果没做到一小时就疲惫不堪，所以说乡野的人所认为安适的生活，所认为美妙的事物，往往是王公贵人所无法忍受的。因此"寿、名、位、货"并不一定可以满足一个人，说不定是一种累赘呢？

以前宋国有一个农夫，常年穿一件乱麻丝织成的衣服，捱过寒冷的冬天。到了春天，在田里工作，太阳从头上照下，伴着和煦的春风，觉得非常舒畅，因为在他的一生中，根本不知道有深广而又温暖的大宫室，也不知道天下有轻暖的绵衣皮裘，所以晒了太阳，就很兴奋地告诉他的妻子说：

"春天晒在阳光下真舒服，我想没有人知道这个秘密，想把它呈告奉献给我们的国君，一定可以得到重赏。"

同乡的有钱人听了，就告诉农夫说：

"从前有个人，他有美戎菽、芹萍子等常见的菽麻菜，于是向当地的富豪夸耀，富豪取来尝了一口，口里难受，肚里不舒服，大家都笑骂那个人，弄得那人既狼狈又惭愧，你大概就和他一样吧！"

所以拥有"华屋"、"美服"、"厚味"、"姣色"四个条件，已经够优厚了，何必再求什么？有了这四项还向外求索的人是贪求无厌的，这种贪求不满足的性格是戕害阴阳之气的蠹（dù）虫。

一颗满怀忠爱君主的心，并不能使他的君主安舒无忧，甚至常由于他的忠爱，反而构成对君主的危害（如野人献曝）；一个人怀有正义之心，并不能使别人受到恩惠，甚至因他的正义反而

168

戕害了别人的生命（如野人献美戎菽）。所以真正能使君主安舒的并不是臣民的忠爱，真正能使他人受益的并不是你的正义感，而是不设名目、不巧诈、不戕害的自然法则。那么世上也无须忠爱正义的名目，就可以君臣相安，人我受制了，这也就是古人所追求的最高人生哲理。

鹖子说："去名者无忧。"那是把名看成戕害生命的东西。

老子说："名者实之宾。"那是看轻名位的不实在。

然而芸芸众生，却汲汲营营地追求名位，根本谈不到"去"名，谈不上"轻"名！

当今天下，有名位的就享有尊贵荣誉，没有名位就被看成卑贱屈辱，而且尊贵荣誉地过着安逸快乐的生活，而卑贱屈辱的就过着忧伤愁苦的日子。忧伤愁苦的生活是违背人性的，安逸快乐的日子才是顺从人性的啊！这才是真正的生命本质，所以名位怎么可以抛弃呢？名位怎么可以看轻呢？当然，也不可以为了守住名位而生活自苦，戕害了实际的生活。否则为了保住名位而使自己忧心忡忡、忙忙碌碌，哪还有时间享受安逸的生活啊！

第八章　说符

持后以持生

列子向他的老师壶丘子林学习做人的道理。

壶丘子林说：

"你必须先懂得'持后'的道理，然后才能谈'持身'。"

列子说：

"请老师告诉我'持后'的道理吧！"

壶丘子说：

"你先回头看看你的影子，自然会明白。"

列子回头看看自己的影子，发现弯着身子时影子就弯曲，站直身子时影子也自然站直，影子的弯曲或正直完全随身形的曲直而变化，而不是影子本身可以自由曲直。而身形的弯或直又由外物的变化决定，不是自己可以决定的，这就是落在人后而其实处在人前的意思。

关尹子告诉列子说：

"以好心待人，必得好报，以恶意待人，必得恶报（原文：言美则响美，言恶则响恶），身体高的人影子长，身体矮的人影子短，一个人的名誉就好像回声一样，做好事就反响出好名声，做坏事就反响出坏名声。而一个人的身体就像影子一样，身体高影子便长，身体矮影子便短。如此一来，有形有影，有声有响，影随形，响随声，就是所谓的'影响'了。所以说话必须谨慎，否则立刻被人知道，行动要谨慎，否则立刻就有人跟随，圣人之所以'见出以知入，观往以知来'，都是从'持后'的道理，而变成一个'先知'的。而这一切的做法都以自己的做法为准。先查证别人的反应，如果别人爱我，我一定爱他；别人厌恶我，我也一定厌恶他。就像汤爱天下之民，所以天下人爱戴他，他就统一天下；纣不爱天下的人，所以也不为天下人所爱，最后自然败亡，这就是很好的验证。

"如果自己有了标准，又查证别人的反应很好，却不知道遵循着去做，那就好像出入不经过大门，走路不走正路一样，如果想这样求利不是太难了吗？我曾经观察神农、炎帝的德行，查证虞、夏、商、周之书，再跟当今正直贤能的人所说的话做一比较，得到他们存亡兴废的道理，没有不是本着'持后'之法的。"

学道者为富？

严恢说：

"学道的人是为了富有吗？但拥有许多珠宝的人也很富有，

何必一定要学道呢？"

列子说：

"桀、纣就是因为重利轻道所以败亡。一个人，如果没有正义之心，而只为了食物而奔忙，那和鸡狗无别。弱肉强食，你争我夺就是禽兽，如果自己的作为只是鸡狗禽兽，而又想要别人尊敬自己，那是不可能的。不能得到别人尊敬的，那就太危险了。"

列子学射

列子学射，偶尔射中了一次，就去向关尹子请教真正射箭的秘诀。

关尹子说：

"你知道为什么能射中吗？"

列子说：

"不知道。"

关尹子说：

"那还不行，回去好好练习。"

过了三年，列子回来向关尹子请教秘诀。

关尹子问：

"你现在知道为什么射中了吗？"

列子说：

"知道了。"

关尹子说：

"那好，好好把握你这个技巧别荒废了。顺便提醒你，不只射箭要知道射中的道理，就是治国修身也一样，必先清楚整个过程。"

因此，圣人对修身治国的道理，不考虑存亡问题而细心追查弊病的所在。

知贤而不自贤

列子说：

"精神充沛的人，往往骄矜自恃；孔武有力的人，往往奋勇自大。这种人是没有必要和他谈道的，所以和头发尚未变白的人谈道是无法说得通的，更何况要他实行呢？一个刚愎自用的人，别人就不愿意把过失告诉他，没有人告诉他他就会孤单无助。因此一个贤德的人用人时，喜欢找年纪大些，但气力还没有衰竭，智能发展已过颠峰，但不会乱性的人，所以治理一个国家的困难在于如何找到贤能的人，不在于自己多贤能。"

圣人不恃智巧

宋国有一个人，用玉制造一片薄薄的楮叶给他的国君，费了三年时间才造成，因为雕工细腻，栩栩如真，把它放在楮叶堆中几乎可以乱真。于是这个人成了名，就靠他的技巧在宋国过着好日子。

子列子听到了就说：

"假使天地间的植物，三年才长成一片叶子，那么有叶子的植物岂不是太少了。所以圣人只相信自然界生长的道理，不依靠人工的雕琢。"

先知的话

列子在郑国困穷饥饿而面有菜色。

有一个宾客看到他这个样子，就对郑国宰相子阳说：

"列御寇是一个很有修养的名士啊！现在住在您的国内而穷困成这个样子，难道您不爱惜这些名士吗？"

子阳听了立刻派人送米粮给列子。

列子只好出来迎接送米粮的使者，行礼后辞谢了那些赠物。使者回去，列子进入内室，妻子看到他就很难过地说：

"我听说做一个有道之士的妻子都能安乐度日的，现在家里正穷，宰相派人送食物来，你却回绝了，难道我命中注定要受苦吗？"

列子笑着对他的妻子说：

"你并不完全了解我，如果因为听了别人的话才送给我米粮，谁敢保证不会因为别人的话而加罪于我呢？这就是我不敢接受的原因。"

后来，果然百姓不满子阳而发难把子阳杀掉了。

得时者昌，失时者亡

鲁国施氏有两个儿子，一个喜欢学问，一个喜好兵法。喜欢学问的儿子以他所学去见齐侯，相谈之下，齐侯很高兴，就录用了他，请他当太子的老师。喜好兵法的儿子也以他所学去见楚王，楚王很满意，也用了他，请他当"军正"的官。二人俸禄极高，爵位极荣耀，亲戚都引以为傲。

施氏的邻居孟氏，也有两个儿子，也都爱好学问和兵法。因为家里穷，所以非常羡慕施氏的富有，就向施氏请教致富的方法，施氏把两个儿子的实情告诉他。

于是，孟氏如法炮制，叫好学问的儿子去游说秦王，秦王说：

"现在是诸侯以力相争的时代，有兵力和粮食是不行的，如果用你所说的仁义来治国，岂不是要秦国自取败亡。"

于是把他处以宫刑（古五刑之一，割去生殖器），然后放逐。

另一个好兵法的则去卫国，以所学兵法求见卫侯，卫侯说：

"卫是弱国，夹在大国之间，为了生存，只能对大国恭谨服侍，对小国加以安抚，才能保有国家。如果用你所说的兵法治国的话，灭亡的日子就在眼前；现在如果让你平安回去，你再到别国去，那时又会危害我们的国家，实在值得担心。"

于是把他处了刖刑（刖，yuè，古五刑之一，砍去两脚），逐回鲁国。

两兄弟回到鲁国，孟氏父子非常气愤，拍胸顿足地去找施氏。

施氏说：

"凡得天时的就昌盛，失天时的就灭亡，你们做的全跟我们一样，但结果却不同，那是因为失去天时，并不是做法有什么不妥。何况天下的道理，本来就没有永远是对的，说不定以前所采用的非常合适的方法，今天完全派不上用场，而遭受被丢弃的命运。而这个被废弃的方法，或许隔不多久又派上了用场。用与不用之间并没有对错之分，能够因应时代需要，提出补救办法，才是一个真正的智者，如果有足够的智力，又像孔子一样博学多闻，像吕尚一样足智多谋，才能无往而不利啊！"

孟氏父子听了才顿然醒悟，心中的怒意也消了大半，很不好意思地说：

"我明白了，不要再说了。"

我伐人，人亦伐我

晋文公出会诸侯，想要讨伐卫国，公子锄听了仰天大笑，文公问他笑什么。

公子锄说：

"我在笑我的邻居，有一天在送他妻子回家的路上看到一个采桑妇人，很高兴地前去和采桑妇人搭讪，但当他回头看自己的妻子有什么反应时，竟然发现也有陌生人在向他的妻子招手调情。我看了，老觉得好笑。"

文公听了恍然大悟，就停止了伐卫的行动，带领军队回国了。还没有回到都城，就传来消息说有人偷袭晋国北边的守地。

止盗在明教化

晋国盗贼非常猖獗，苦于拿不出遏止的方法。

恰巧，有一个叫郄（xì）雍的人，能观察盗贼的眼睛及眉宇间所表现出的神色，而查出他窃盗的事实。晋侯就请他判断盗案，没有一次差错。

晋侯大喜，于是告诉赵文子说：

"我得到一个抓盗的异人郄雍，可以使全国盗贼都消灭，这样看来，用人不必太多，只要用对一个人就够了。"

文子说：

"您靠侦察的功夫而找出盗贼，那是永远消灭不了盗贼的，而且郄雍一定会遭人暗算而死。"

不久，盗贼们聚集在一起讨论说：

"我们所怕的只有郄雍一个人，一定要设法解决掉。"

于是共同谋划，终于把郄雍杀了。

晋侯得到郄雍被杀的消息，大为惊骇，立刻召见文子，告诉他说：

"事情果如你所料，郄雍被人杀害了，如今要用什么方法来遏止盗贼呢？"

文子说：

"周朝有一句谚语说：'察见渊鱼者不祥，智料隐匿者有殃。'您要使国内没有盗贼，不如举用贤能的人，赋予他教化的责任，那么'上行下效'，时间久了，百姓都知耻而不为盗，盗贼就自然消灭了。"

晋侯采取文子的方法，结果国家大治，群盗在晋无法容身，都逃奔到秦国去了。

忠信可以渡大河

孔子从卫国回到鲁国，把车停在河梁的岸边休息。看到对岸有高三十丈的瀑布，因地势高，水冲下的力量大，在河底造成了九十里宽的回旋，连鱼鳖都游不过去，鼋鼍（yuán tuó）等大龟也不敢居住。

突然，对岸一个人正准备渡水过来，孔子立刻站在岸边阻止那人渡河，并在岸上喊道：

"这里水高三十丈，冲下去力量太大，连鱼鳖都游不过去，鼋鼍都不敢住，你想渡河而过，那是万不可能的事，快点回去为妙。"

那个人根本不把孔子的话放在心上，还是毫无所惧地游了过来，安安稳稳地来到岸上。

孔子大为惊讶，于是对他说：

"你的泳技真精彩，你有什么特殊秘诀啊！否则在这么急的水里怎么可以出入自如呢？"

那个人回答说：

"当我走进水中时，一心想着忠信两字，所以毫不畏惧，等我走出来后，还是想着忠信两字，我的躯体就在忠信之中随波逐流，不敢有半点私心，所以能够平安地走进去，又平安地走出来。"

孔子听了，就告诉学生说：

"各位记清楚，连水都可以用忠信诚恳来亲近它，何况人呢？"

知言者不以言言

　　白公想偷偷地把子西、子朝杀掉，但他不敢直说，就用其他的话试探孔子的意思。

　　白公说：

　　"找个人秘密谋划一些事情，您说行得通吗？"孔子不回答。

　　白公又用别的话试探，他说：

　　"如果把石子投入水中你觉得怎么样，应该不会被人查出来吧！"

　　孔子说：

　　"很难说，吴国善于游泳的人，可以潜入水底把它取出来。"

　　白公说：

　　"如果把水倒进水里，应当没有人分辨得出来吧！"

　　孔子说：

　　"淄水、渑水混合在一起，古时善于辨味的易牙尝一尝就能分辨出来。"

　　白公又问：

　　"这样说来，人真的不能有所密谋吗？"

　　孔子说：

　　"为什么不可以呢？如果对方是个很会听话、一点就通的人，和他密谈没有问题，因为一个会听话的人，不必用言语就能明白，像一个捕鱼的人一定会被弄湿身体，捕兽的人一定要到处追赶一

180

样，那并不表示快乐，而是很自然的，很不得已的事啊！所以最会说话的人不必说话，最好的作为是无为，而一般浅薄无知的人所争逐的只是末道而已。所以要有所密谋，必须找那不必说话的至人。"

白公听了这番话，没能领会，谋反失败，终于自杀在浴室。

持胜者以强为弱

赵襄子派新穉（zhì）穆子带兵攻打翟城，大胜而回，且占领了左人、中人两个城邑。新穉穆子派人来报告这个消息，赵襄子正准备吃饭，听了这个消息面有忧色。左右的人说：

"一天就攻下了两个城邑，这是令人振奋的好消息，而您却面有忧色，是为什么呢？"

赵襄子说：

"古人常说，江河上暴涨的河水，不出三天就会消退。又说'飘风不终朝，骤雨不终日，日中不须臾'，都是指盛大得意的事不会太长久的，就像大水不过三天，大雨不过一天，狂风不过半天，日正当中只是须臾之间就过了一样。现在我的德行无法普及四处，却一朝用兵攻下两个城邑，这不是跟着就要衰亡了吗？"

孔子听了说：

"赵国有这种君王，一定会强盛的。因为忧怀在心，刻苦经营一定会强盛，而自高自大，自以为是，一定会败亡的。求得胜利不是一件难事，困难的是如何坚持，历代贤明的君主，就是靠他的坚持而取得胜利，所以他的福祉可以长远地留传给子孙。历史上的齐国、楚国、吴国、越国都曾经强盛一时，然而最后还是走上败亡的命运，为什么呢？那是不明白'持胜'的道理。反过来看看那些长久强盛不衰的君主，都是运用'持胜'的道理而保持国力的啊！"

听说孔子力大无穷，可以手举大城门而毫不费劲，但他却不以力大为人所知；墨子和公输般纸上谈兵斗法，由公输般攻，墨翟防守，结果公输般总无法攻下，对墨翟非常敬服，但墨子也不以懂兵法为人称道。

从上面看来，一个善于"持胜"的人，往往是隐藏着自己的实力，使人外表看起来很弱的样子，但真功夫都在非常时刻才发挥出来。

福祸相倚

宋国有个人平日行善好义，三代都热心公益，为人解难。可是他们所养的一头黑牛，却无缘无故生了一头白牛，觉得好生奇怪，怎么黑牛会生白牛。于是跑去问孔子。

孔子说：

"这是一个好征兆。"

于是就把那头白牛献给尹国的君主。

过了一年，他的父亲好端端的竟瞎了一只眼睛，而那头黑母牛又生了一头小白牛，他的父亲又再命他去请教孔子。儿子说：

"以前向孔子请教，他说好征兆，结果您好端端的瞎了眼睛，孔子的话一点都不值得相信，还问他干什么？"

父亲说：

"圣人所说的话，往往起先不灵验，以后自能相合，而且黑牛生白牛的事还没有弄清楚，姑且再问他一次好了。"

做儿子的只得听从父亲的话，再去问孔子。

孔子说：

"黑母牛生小白牛，一定吉祥的，回去好好地向天祭拜吧。"

儿子回去，把情形告诉父亲，父亲说：

"好好遵循孔子的话去做吧！"

就这样过了一年，他的儿子又无缘无故瞎了眼睛。

不久，楚国攻打宋国，宋国受战乱影响，全城陷入饥饿绝境，百姓没有东西吃，只好"易子而食，析骸而炊"（不忍吃自己的孩子，只好交换着吃，无柴可烧，便剖骨为燃料），家里凡有健壮的男子都去当兵为保卫家国而战，宋国牺牲了大半的人口。

而这对父子，却因眼睛瞎了逃开当兵战死的厄运。后来战争结束，一切恢复正常以后，这对父子的眼睛也自动好了。

所谓"塞翁失马，焉知非福"，一点都不假啊！当然这里还附带"善有善报"的意味，那就很难说了，只要问心无愧的行事，暂时失意，又有啥关系？黑暗的后面接着就是光明，忍一时之忧，换来的是无限的希望，那更是可贵啊！

能如此想，生黑牛或白牛都无谓了。

幸与不幸

宋国有一个人叫兰子（古时人凡不知出生者都称兰子），怀有一身绝技，于是跑去见宋元君。宋元君召见了他，就要他亮亮身手。

兰子把两根差不多有两个身子高的木棍绑在脚上，人站在上面，然后奔走跳跃，前进退后，运用自如，木棍就像是自己的脚一样灵活。后来又站在木棍上面，两手玩耍七把剑，一上一下，左蹦右跳，耍剑的手上下不止，七把剑总有五把在空中飞动。宋元君看了大为惊讶，天下竟有这等奇技，于是立刻赏给他很多金银布帛。

后来又有一位兰子，擅长表演燕国特技，于是又去谒见宋元君，表演倒勾的空中飞人给宋元君看。没想到宋元君看了非常生气地说：

"前些日子兰子表演特技给寡人看，其实他的技巧非常平庸，正好那时我心情很好，所以赏赐他金帛。你一定是听到这个消息而来表演给我看，希望我也赏赐你。"

结果，后来的那个兰子，被宋元君拘禁起来，准备把他杀掉；还好，过了一个月，念头一转，就把他释放了。这两个人技巧相同，际遇差别却那么大，我们又能说什么呢？

人世造化就是如此，往往刻意求取的事，被握有关键性权力的人轻轻一念之转就完全改观了。所谓"有心栽花花不发，无心插柳柳成荫"就是这个道理啊！该来的命运是逃不掉的。

善相马者不知牝牡

伯乐是个以相马闻名于世的人，但他的年纪已大，秦穆公担心找不到传他衣钵的人，所以有一天见到伯乐，就问他说：

"您的年龄这么大了，实在应该让你退休享享清福才对，但是要找一个像您这么会相马的人可不容易啊！不知道您族人之中是否有这种人才？"

伯乐回答说：

"一般的良马，可以从它的外表体形看出来，但要识别天下的特优名马可就不容易了。这种名马外表看起来一点都不起眼，如果常人来相一定以为平凡而没有价值。但这种马经过训练以后，可以奔跑如飞，千里不累，我的族人没有能辨别天下名马的能手，多半只是下等人才，只能鉴别良马，无法鉴别千里马。倒是我有一个朋友叫九方皋，平日挑柴卖菜，做的是低贱工作，但他相马的知识却高人一等，让我把他找来见见国君您好了。"

穆公很高兴，召见了九方皋以后，就命他去寻千里马。花了三个月时间，回报穆公说已在沙丘（地名）找到了一匹特好的马。穆公问他是怎样的马，九方皋说：

"是一匹黄色的母马。"

于是派人把马买回来，结果是黑色的公马。

穆公非常不高兴，立刻请来伯乐，告诉他说：

"事情真不妙，您所推荐的相马人，竟然连马的颜色雄雌都无法分辨，怎么能够知道什么是千里马呢？"

伯乐听了，叹一口气说：

"真出乎我意料之外，九方皋的相马术竟然如此高妙，真不知比我高明多少万倍。在我所知，九方皋的相法是看马的'天机'（天机在形骨之外，光凭外表看不出来），因为他看的是最深的内在，所以忘记了粗俗的外形，他所看到的只是他想看的天机，所以看不到毛色和雄雌。"

后来试验的结果，果然是天下名马。

治国如治身

楚庄王问詹何：

"要怎样才能把国家治理好呢？"

詹何说：

"我只知道修养身心的方法，不懂怎样治国。"

楚庄王说：

"我身负宗庙社稷大任（宗庙，是祭祖；社稷，是土神和谷神，都是国家最重要的事），希望学到永远保有国家的方法。"

詹何说：

"我不曾听说，一个自身能治理很好的人却把国家弄得很乱，也不曾听说，连自己都管不好，却能把国家治理好的人。一切根本在修身，我怎么敢告诉你治国的末道呢？"

楚王说：

"真是一针见血的说法。"

这则对话有点像儒家的观念，所谓"国之本在家，身修而后家齐，家齐而后国治，国治而后天下平"。詹何大概是儒门弟子吧！

爵位禄招人怨

狐丘丈人对孙叔敖说：

"一个人容易招来怨怒的三大原因是什么，你知道吗？"

孙叔敖反问：

"这话怎么说？"

狐丘丈人说：

"三个原因是'爵高'、'官大'、'禄厚'：爵位高的人令人嫉妒，官位大的人君主怨恨他，俸禄高的人大家不愿接近他。"

孙叔敖说：

"我的爵位愈高，对人愈卑下；我的官愈大，心志愈微小；我的俸禄愈优厚，愈能施惠助人，就可以去除这三个怨怒了。"

后来，孙叔敖病重快要死了，就告诫他的儿子说：

"国君以极好极有利的土地封我，我不接受，但如果我死了，一定会转封给你，你一定不可以接受那些好封地，除非楚、越之间的寝丘——既贫瘠又多鬼怪瘴疠的地方，因为那种地方没有人争，能长久保有。"

孙叔敖死后，楚王果然以最好的土地封给他儿子，他儿子推辞不敢接受，只请求封赐寝丘的地方，楚王答应了。所以到现在，他的后代果真仍保有其地。

理无常是，事无常非

在上地（邑名）有个叫牛缺的大儒者，有一次他去邯郸，路上遇到一群强盗，把他的衣服车马统统洗劫一空。牛缺只得走路前往，强盗们看到牛缺虽然东西被抢光了，却依然神色自若，甚至表现出很高兴的样子，觉得很奇怪，就追上去问他原因。

牛缺不慌不忙地说：

"一个君子不曾因自己的需要而夺去别人的需要。"

强盗们说：

"听起来像很贤德的人所讲的话。"

停了一会儿，觉得不对劲，于是又互相商量说：

"以他的贤德去到赵国以后，一定受重用，一定会说出我们抢他的东西，不如把他杀了以绝后患。"

于是又追上前去把牛缺杀掉。

燕国有个人知道这件事，就召集族人，告诫他们说：

"碰到强盗一定不能像牛缺那样傻。"

大家都接受他的教诲。

不久，那个燕人的弟弟有事到秦国去，到了半路又碰到强盗。他想起哥哥的告诫，所以奋力和强盗争夺，但还是打不过他们，东西又被抢走，他不甘心，又追上去苦苦央求强盗把财物还给他。

强盗非常生气地说：

"我们留下你的命不杀你已经对你够好的了，你却不自量力，穷追不舍，存心要使我们行迹败露不成？告诉你，我们既然当了强盗，就无所谓仁慈不仁慈了。"

终于把燕人的弟弟杀了，顺便把和他弟弟同往的四五个人一起杀掉。

骄者之败不以一途

梁国有个富豪虞氏，银钱万贯，货财无数，常在华厦中设宴陈酒，登楼高歌，逸乐豪奢。

有一天，一群侠客经他的宅第门前，楼上虞氏等人正在玩升官图[1]，因为掷骰子出现双鱼目，众人都兴奋得高声喧哗。恰好天上一只飞鸢正飞过楼房上空，为喧嚣声所惊，而把口中衔着的腐鼠掉了下来，正好打中一个侠客。侠客没有看清实情，就愤怒地告诉他的同党说：

"虞氏过的日子富有安乐，奢侈华靡，所以仗着这些财势，常常瞧不起别人，我们没有冒犯他，他却扔死烂的老鼠来侮辱我。这个仇怨如果不报，我怎么称得上是一个武勇的侠客呢？你们帮我一起把虞氏灭掉。"

侠客同党都没有异议，于是就在那天晚上，聚集了群众，带着兵器，把虞氏全家灭掉了。

【注释】

① 升官图游戏以绘有十二道线的盘子为阵地，两军对阵中央，命名为水，水上放置两条鱼，如果骰子掷出的数目黑白各六，就可以取鱼，一旦出现双鱼目就是大胜。

不食盗食

在东方某国有个叫爰（yuán）旌目的人，因走远路而在半途饿倒了。正好给狐父（地名）的名偷丘氏看见，立刻去救他，拿了一壶汤食喂他。爰旌目吃了三口以后，才能够勉强睁眼看人，睁开眼立刻就问：

"你是什么人？"

强盗回答说：

"我是狐父地方丘氏。"

爰旌目听了又惊又怕地说：

"啊！那么你就是这一带有名的大盗丘氏了，你为什么拿东西给我吃？我不是没有德的人，绝不吃你这强盗的食物。"

于是两手趴在地上，费尽了力量想把吃下去的东西吐出来，但怎么用力也吐不出来，咳了大半天，终于断了气伏在地上死了。

这样看来，狐父的丘氏虽然是强盗，但是他的食物并不是抢来的。爰旌目因为持有食物的人是强盗，就认为他的食物是抢来的，这岂不是分不清"名"和"实"的愚蠢的人吗？

为不知己者死

柱厉叔仕莒敖公，但莒敖公并不重用他，所以他就跑到海上隐居起来。夏天吃菱（jì）芰，冬天吃橡栗来维持生活。

不久，柱厉叔听说莒敖公有难，就辞别了他的朋友要去为莒敖公死难。

他的朋友觉得很奇怪，就问他说：

"你本来因为莒敖公不了解你所以离开他，而现在你却要为他而死，那不是变成不能辨别'知'或'不知'了吗？"

柱厉叔说：

"不能这样说，我离开他是我自己认为他不知我，如今，我去为他而死，更可以证明他真的不知我了。而且，我要用我的死使后世人主因他不了解他的臣子而蒙羞。"

大凡人都愿意为知己而死，如果对方不知己，就不愿为他牺牲，这是很正直又很自然的反应。而柱厉叔的做法可以说是因为怨恨对方不知己，而忘了自己的生命。

后世有人也说："士为知己者死，女为悦己者容。"柱厉叔的为"不知己"而死，倒是给那些"不知人"的人主当头棒喝！

歧路多亡羊

杨朱说：

"能予人恩惠，自能得到回报；如果以怨怒对人，自然也会惹来灾祸，凡事在这里发生，就会在那里得到反应，这些因果全靠人我的实情在左右。所以贤德的人对他所说的话，所做的事，都非常谨慎。"

有一次杨朱的邻人走失一头羊，便出动全家人去寻找，并且请杨朱的家童一起去帮忙寻找。

杨朱看到了，就很不以为然地说：

"为什么走失一只羊要动用那么多人去追呢？"

邻人说：

"因为羊走失的地方岔路太多。"

一会儿，找羊的人回来了，于是杨朱又问：

"羊找到了没有？"

邻人说：

"没有找到。"

杨朱又问：

"为什么找不到呢？"

邻人说：

"因为歧路之中又有歧路，我不知道羊跑在哪条路上，无法追寻，所以找不到。"

杨朱听了脸色都变了，停了很长时间一句话都不说，一整天都不笑。他的弟子觉得很困惑，便问道：

"羊只是很低贱的家畜，而且又不是老师所有，现在走失了一只，老师就伤心苦闷，不言不语，是什么原因呢？"

杨朱没有回答，弟子更为困惑。因此弟子孟孙阳憋不住了，就到心都子家里，告诉他这件事。

后来心都子陪孟孙阳前去见杨朱，对他说：

"从前有三个兄弟，一起到齐鲁的地方拜师求学，学得仁义以后，就整装回国。但是回去以后，父亲问他们：'仁义之道是怎么样的？'长男回答说：'仁义之道是使我爱身然后成名。'次男答说：'仁义之道可以使我杀身以成名。'三男说：'仁义之道使我明哲保身。'他们同时受教于相同的儒老却得到三种不同的结果，究竟是哪一种对，哪一种错呢？"

杨朱答道：

"有一个人生长在河边，熟习水性，精通泳技，撑船摆渡为生，所得可以养百口之家。许多人知道以后，都带着粮食来向他学泳术，但是有半数的人不幸在学习途中溺死。当然，他们本来是来学泳术，不是学溺死的。学成了可以收入百倍，学不成，性命也没有了，其间利害差别有如天壤，你认为哪一种对，哪一种错呢？"

心都子听了，点点头，默默地走了。孟孙阳大惑不解，便追上去问道：

"究竟是怎么回事，你的问题拐弯抹角，而老师的回答也是模棱两可，我真是越听越糊涂了。"

心都子说：

"大道因为多歧路，所以羊走失了，为学过分用心，也会丧命。凡是学问，根本道理都是相同的，但是到了末端就有许多的分歧，唯有回归到最初根源，才能免除那些错误。你在老师门下求学那么久了，怎么连老师的比喻都不了解呢？真可悲哦！"

大道以多歧亡羊，求学岂可舍本而逐末，知此本末则须谨慎行之。

杨布打狗

有一天，杨朱的弟弟杨布穿白色衣服外出，回家时适逢天下雨，便将白衣脱下换穿黑色衣服。走进家门，家里的狗认不出他是杨布，对他吠个不停。杨布大怒，要拿棍子打狗，杨朱劝止他说：

"不要打它，你也是这样，假如现在这只狗也是白的出去，黑的回来，你不是同样也会感到奇怪吗？"

知行分立

从前有一个人，自称懂得不死之术，燕王为求长生，便派一使臣，前往学习这种不死之术。使臣动作太慢，隔了一段时间才赶到那里，不料那个会不死术的人，却先死了。

燕王知道以后，大为震怒，想要把这个使者杀掉，但他身边的一个宠臣说：

"人所忧虑的事莫过于死亡，人最宝贵的莫过于生命。现在自称懂得不死术的人连自己的生命都保不住，又怎能使大王不死呢？"燕王觉得有理，便赦免了使臣的死罪。

另外又有一个叫齐子的人，也想学这种不死术，可是当他听说那个会不死术的人死了的消息，便捶胸顿足，百般悔恨自己丧失良机。

富子听到这件事就笑着说：

"他想学的就是不死之术，但连会不死之术的人都会死，那又有什么值得学的呢？他真是连学习的目的是什么都没弄清楚。"

胡子听了富子的话，却大不以为然地说：

"富子的话错了，世上有些人，知道某种秘术，但自己却不一定能运用。有的人已经做了但不知道其中秘诀就传给了他的儿子，他的儿子知道秘诀却不知如何运用，但后来别人向他请教而得知这个秘诀之后，却能像他父亲一样运用自如，由此可以证明死去的人不一定不知道不死的秘术啊！"

"知"是"行"之始，"行"者"知"之成，两者同时运用，就是"知行合一"，但以此不死之术所论则有"能知不能行"或"行而无所知"的分别了。至于是"知易行难"还是"知难行易"，在不同的事例中又有不同的诠释，我们不可固执不通。

恩过相补

邯郸的人民每逢正月初一就献上鸠鸟给赵简子，简子非常高兴，就重重地赏他们。有一个宾客看到这种情形，就问他为什么这样做。简子说：

"正旦是放生的好日子，人民送来鸠鸟正好放生，赏他们会送来更多，正表示我的仁德泽及禽兽啊！"

宾客说：

"人民知道你要放生鸠鸟，因而争相捕鸠，但在捕捉时难免会有很多被打死的。如果真有心让鸠得生，不如禁止人民捕鸟，不是更好吗？如今捕了再放生，恩过不能相补，又何苦如此呢？"

简子说：

"说得有理，就这么办！"

弱肉强食

齐国的田氏，在庭园中为人饯行，食客上千人。宴会中，有人送鱼雁给他，田氏看了看，不胜感慨地叹道：

"上天对待万民真是恩厚，繁殖五谷，生养鱼鸟，来供人们食用。"

这时宾客们都异口同声地附和他。但鲍氏有一个儿子，才十二岁，听了却大不以为然地说：

"这话说得不对！天地万物和我们并存在这个世界，只是类别不同，并无贵贱之分。只是因为形体大小，智慧高低，力量有无，彼此弱肉强食罢了，绝不是某种生物为某种生物而生。人类智慧高，将所有可以吃的都拿来吃，怎能说是上天为人类所准备的呢？照你这么说，蚊子吸人血，虎狼吃人肉，也是上天为了蚊子而创造人类供它吸血吗？为了虎狼而创造人类供它食用吗？"

都是自己想的

齐国有个穷人，天天在街坊邻舍间行乞，久了以后，街坊都对他非常厌烦，都不愿给他食物。乞丐走投无路，只好到田氏的马厩，请求马医准许他在那里打杂，换取食物充饥。街坊的人都笑他说：

"跟随马医打杂讨食物，不是很可耻吗？"

乞丐听了这些话，就回答说：

"世上各行各业里面，行乞是最可耻的，我连当乞丐都不以为可耻，那么替马医打杂换取食物，还有什么可耻的呢？"

可耻不可耻都是自己想的。

宋国有一个人，在路上闲逛，每看到别人丢弃的字据契券就捡回家里珍藏起来，并偷偷地计算所记载的金额数量，然后向邻人夸耀说：

"再不久我就是个大富翁了。"

有钱没钱都是自己想的。

有一个人家，庭院中有一棵枯萎的梧桐树，他的邻居劝他把那棵梧桐砍掉，因为家有梧桐是不吉祥的。没想到，梧桐刚砍倒，邻人就向他要求将枯树劈成柴木用来烧火，这人因此非常不高兴地说：

"邻家的人其实是为了要柴烧，所以才说梧桐不吉祥，教我砍掉，大家都是邻居，竟然如此阴险，实在太过分了。"

阴险不阴险都是自己想的。

有一个人遗失了一把斧头，怀疑被邻居的孩子偷去，便暗中观察他的行动，总觉得他的行动、神态、言谈都像是偷了斧头的人。

过了几天，他在家后山谷中掘地，找到了遗失的斧头，从此以后，他再去看邻居的孩子，怎么看也不像是会偷斧头的人。

像贼不像贼都是自己想的。

楚人白公胜为了报父仇，一心想谋反①。

有一天，朝罢回来途中，因心神不安，竟然倒持手杖都不自觉，结果被手杖的尖锋刺穿了下巴，鲜血流到地上了他都毫无知觉。有个郑国人听了这件事，便说：

"一个人连下巴的伤痛都忘了，还有什么不能忘的呢？"（表示其报父仇之决心坚定，牺牲自己在所不惜。）

一个人专注某一件事，即使在路上碰到陷阱跌了进去，或头碰到所钉的木桩而受伤，一点感觉都没有，这完全是专注而忘我啊！

以前齐国有一个人想钱想疯了，所以在大清早就穿戴整齐，跑到卖金的银楼（钱庄），抓了一把金子就跑，不幸被衙门的人逮着了，人家问他：

"光天化日，众目睽睽，你怎么敢公然抢金子呢？"

这个人回答说：

"我在抢金子的时候，只看见闪闪发亮的金子，哪里还看得到人呢？"

专注某件事，就忘了其他的事，这是专诚的有心人，但是不能同时顾及周围环境，那也是非常危险的事。

一切事情的作为，心中的念头，都是自己想的，要破除烦恼就要想得开。

【注释】

① 《史记·楚世家》记载："初白公父建亡在郑，郑杀之，白公亡走吴，子西复召之，故以此怨郑，欲伐之，子西许而未发兵。"这里所说就是这件事，事在楚惠王二年。

结　语

　　《道德经》（老子）、《南华经》（庄子）、《冲虚经》（列子）在唐天宝元年被尊为道家三部要典。其中《道德经》以言简意深，论述精辟被推崇为道家第一书，历代注疏学者不计其数，所以《老子》早为不刊之说。而《南华经》也以文字跳脱，譬喻不凡，为士林所推重，谓为奇书，才子书之誉，所在皆有。唯独《列子》一书，因为属辞引类都与《庄子》相似，且内容多为《庄子》所包容，学者往往只研读《庄子》而忽略《列子》。加以司马迁写《史记》没有替列子立传，后人认为本无其人，乃方家所虚构。因此，《列子》这本书一直不受重视，幸亏东晋张湛搜罗整理，替它作注，才得以保存。

　　然而，撇开列子其人真否，《列子》这本书是否为列子所作，我们单从今存八篇内容而论，没有一篇不是神来之思，只要细细咀嚼，游思于字里行间，无不令人兴奋拊掌，无不令人会心而笑。因为它把本真的人性刻画得那么深入细腻，就好像一个人赤裸裸地躺在平台上，被人一层层地解剖似的。而书中所举的事例，也正是我们平日想做，但在礼法的约束下不敢做的行为。

尤其《杨朱》一篇，除了可与杨朱"为我"主义相参照，有其学术价值外，又充分代表魏晋间个人主义的浪漫情怀。文中很真实地记载了那个社会反礼教、反传统的风气，很真切地把人性揭露出来，以极端快乐的现实主义去展示个人的本我生活才是真正的人。这在诸子思想中，可谓独树一帜，是学术思想上的奇葩。

其余七篇所论都是道家"与时推移，应物变化，立俗施事无所不移，指约而易操，事少理而功多"（司马谈语）的道理。正如张湛在序文中所说："其书大略明群有以至虚为宗，万品以终灭为验，神志以凝寂常全，想念以着物自丧，生觉与化梦等情，巨细不限一域，穷达无假智力，治身贵于肆任，顺性则所以皆适，水火可蹈，忘怀则无幽不照。"是思想绵远，立论高超的特出作品。

以下就以谈道、谈顺、谈幻、谈心、谈神、谈命、谈逸、谈变八个部分来替全书做个总结，也借着这个主题和八篇内容相参照，当作赏析本书的要诀。

第一谈道（《天瑞》篇）

庄子谈道时说："道无所不在。道在蝼蚁，在稊稗，在瓦甓，在尿溺。"《知北游》强调道是天地万物所以生的原理，有物就有道，所以道"无所不在"，它表现于万物之中就能够使万物自生自长，自毁自灭。

而老子论宇宙生成的顺序时也说："道生一，一生二，二生三，三生万物。"（第四十二章）于是道又成了万有的原理，是天地万物所由生。

列子在第一卷《天瑞》篇中就提出"道"的意义，他认为天地的生成"有太易，有太初，有太始，有太素"，这是说在混沌形成之前，天地是凝寂无所见的太虚幻境，叫作"太易"；等到混沌初成的时候，阴阳不分，天地由一团气笼罩着，叫作"太初"；到了"太始"时，就阴阳有别，品物流行，那时形象清楚，品类不杂，是万物形象的开始；最后进入"太素"时，天地万物各依其形类而有其性质了。

有了形类性质，就有生命，有了生命，就有宇宙的形形色色。这形形色色的生命，必有其生存所需的条件，互相关联而不能独立自主，依循着自然的天道去生灭，所以芸芸众生有一贯的生存之道，无论大同或小异都不能违背自然，这就是道。

人类亦然，必须秉持自然智能，在万化中把持原则，才能"自生自化，自形自色，自智自力，自消自息"。从生到死，依循成长规律而有婴孩、少壮、老耄、死亡的变化。这种形态的变化，是遵循着"道"而转形的。所以列子又说："万物皆出于机，皆入于机。"那么死如归人，生是行人，死是休息，生是徭役。

能够如此自能生死达观，动静如一，有无相生，而未尝生、未尝死。遵循这个方向去看《天瑞》篇就可以明了道家"天地与我共生，万物与我合一"的真义了。

第二谈顺（《黄帝》篇）

　　俗语说："圆滑天下去得，刚强半步难移。"又说"刚则折"，这里所说的圆滑就是"顺"，万事万物都是如此，尤其在奢欲横流的社会里，懂得逆来顺受的人才不会被毁灭，被淘汰，所以老子说："天下柔弱莫过于水，而攻坚强者莫之能胜。"处在兵连祸结的时代，小国不能自保，大国又争霸不肯相下，如果用武力竞争，只有使争执更烈，永无休止，必须以消极的软功夫，才可以抵抗强暴，如狂风吹不断柳丝，齿落而舌存，又如滴水穿石，木强则折，都是"顺"的处世哲学。

　　《黄帝》篇，一开始就叙述黄帝游华胥国，看到的是一片顺性和乐，没有生死，没有忧喜，所以可以入水不溺蹈火不热，甚而可以凭虚御风飘飘若仙。譬如商丘开的不死之术，就是顺性诚心，不将不迎，水火不入，所以别人以为他有道术。但这些道术，说穿了只是顺自然以尽命而已。也就是要"通物化""一死生"，物我齐一，生死如一，便没有忧惧，没有得失，人兽如一，顺理天成，所以走遍天下都能左右逢源。

第三谈幻（《周穆王》篇）

《周穆王》篇所谈的都是太虚幻梦，把活生生的现实看成梦幻泡影，似真似幻。首先以周穆王神游点出全篇主题，如化外之人可以入水火，穿金石，好像进入无人之境一般，而过山川，经城镇也如履平地，甚至凭空而行不会坠地，穿墙而过毫无阻碍。然而这种神奇幻术，都是我们的潜能，一般人之所以不能飞行，不能穿墙，是因为潜能被蒙蔽了，所以老成子学幻，经过三个月深思冥索以后，复归本真，竟能存亡自在，翻倒四时，又能使冬天打雷，夏天结冰，使地上走的变成天上飞，天上飞的变成地上走。

其次又以八征六候来解释清醒时和做梦时都是虚幻，所谓日有所思，夜有所梦，何必强求哪一个是真，哪一个是梦。

最后还举了若干有趣的事例替"梦幻"做注解。一个是"苦乐真相"，描写尹氏白天为县尹，欺压老仆，晚上做梦为仆役，被人吃喝，而老仆役白天为奴仆，百般辛劳，晚上却梦为国君，快乐恣肆，一梦一觉，正好相抵消。另一个事例是"真耶？梦耶？"，描写郑国樵夫得鹿、忘鹿、梦鹿、得鹿的种种情景，把真梦与假梦穿插得精彩绝伦。其他如"华子健忘"、"逢氏迷惘"更把人世的虚幻刻画得淋漓尽致，这正如天才就是疯子一般，把人世悲哀说得那么深沉。

所以，人世一遭都是虚幻的，快乐悲哀都是自己情绪的转化，那又何必太勉强自己呢？

第四 谈心（《仲尼》篇）

圣人之所以为圣，在于能够跳开世俗的看法，而走入更深一层的境界去看纷争的人间世。《仲尼》篇所记，虽不见得是孔子的话，但那些清空的言语，是道家的圣言当没有问题。

全篇虽嫌杂乱，但都离不了一个"心"字，强调心里的想法可以概括一切，只要心中真诚，其他身体四肢，耳目口鼻都无所谓。首先举出亢仓子以耳视、以目听的心法，点出用"心"去观玩的另一种境界，结果一切人事都可以归于心境。而所谓圣人也不知道在哪里了，或许只是一个不说话，自能守信，不勉强作为，却事事顺遂，心胸舒坦，使百姓无法称说他的人吧！

另外，又举出木头人南郭子的怪异行为，可以说达到内敛很高的"全心"之人，他与人的交往，重在心灵的契合，而不用言语来诠释，真是个"无声胜有声"，也与庄子的"大辩不言"相吻合。那么，一切是非对错，有情无情都要靠自己诚心去体会才是真切的。

这种"心灵"的幻化，常常也是有层次的，所以又举出列子修心的事例，说他潜心向学，三年后心中不敢想是非，而五年后又回复到心常念是非的境地，七年以后更能顺从内心意念而无所谓是非。这和禅家的"看山是山，看水是水"，后来"看山不是山，看水不是水"，最后又回复到"看山是山，看水是水"一样。

对生命的观赏，应该不动声色地用心灵去赏玩，才能"山穷水尽疑无路，柳暗花明又一村"。

第五谈神（《汤问》篇）

《汤问》篇所说的都是一些"神奇"的事，而神与奇之中似乎又着重在不着痕迹的神术，所以用"谈神"来包括这一篇。

殷汤问夏革关于生物的生成问题，天地有无边际问题，物有大小、长短、同异的分别问题。夏革都一一予以回答，其中奇异现象很多。包括天柱被共工氏撞断，归墟住有长生不老的人，僬侥国人民高一尺五寸，诤人身高九寸，冥灵龟一春五百年，一秋五百年，而粪壤菌类朝生而暮死，溟海鲲鱼身长数千尺，江浦焦螟细不可见……

说完奇异世界的种种现象以后，接着又以"愚公移山"、"夸父逐日"来说明人心的妄诞，以及乌托邦的终北国、奇风异俗的越楚民风。

最后以一些奇技神人来替这个奇异世界做注脚，本篇一共举了"詹何钓鱼"、"扁鹊换心"、"师文学琴"、"韩娥善歌"、"伯牙鼓琴"、"偃师造人"、"飞卫学射"、"泰豆心法"、"来丹报仇"等九则故事来说明人为的机巧，不是我们可以想象得到的。然而，不论其如何神奇，也都逃不出天地生灭，何况强有强中手，奇有奇中奇，大可不用羡慕他人的奇异，珍视自己所拥有的，就可以见怪不怪，万化齐一了。

另外值得一提的是本篇的一些神技描写，可以称得上志异小说的上乘作品，情节的构想和文字的运用都非常神妙，常令人掷笔三叹。姑不论他表现的思想合不合理，所描述的事情合不合情，真不真实，单就情节的安排，故事的体裁就足以令人耳目一新。

第六谈命（《力命》篇）

一般人论命，有所谓定命论或宿命论的说法。如古时说乞丐命、天子命，等等，都是相信天命所主，人力不能挽回。因此，阴阳家就以星象、生辰、手纹、面貌等特征来推测人的命运，认为命运是先天注定不能变更的。这种看法虽早经墨子《非命》与荀子《非相》的极力驳斥，但人们对不可知的未来，总喜欢存着幻想，尤其汉以后阴阳之说大行其道，所以命运之说仍为人所关切。

但是《列子·力命》篇所论的命并不一样。他的命定论认为命是"自寿自夭，自穷自达，自贵自贱，自富自贫"的，一切都是天然所造成，是势所必然的，非人力所能左右。所以在全篇末端说："农赴时，商趣利，工追术，仕逐势，势使然也。然农有水旱，商有得失，工有成败，仕有遇否，命使然也。"

既然命运不是人力所能改变，就应顺天理识时务，不强于所求，才不会戕害生命。如果拿来说明人事，就是指人事的成败，完全在于机运，与个人才能无涉。有人能力杰出，却生不逢时，结果有志不伸，与常人无异。相反的，有人生来平庸，却因机缘巧合，竟然飞黄腾达起来，这都是"时势造英雄"而不是"英雄造时势"。

明白了列子的论点，再看看《力命》篇所举的事例，无一不是如此的。首先"东郭论命"中认为一个人的顺利通达或穷困卑贱完全由于命运的好坏，与他的才德高低无关。其次"管鲍之交"指出管仲将死，推荐隰朋，而不推荐有恩于他的鲍叔，完全是时势使然，并不是管仲对鲍叔刻薄而对隰朋恩厚。其他如"神医替季梁看病"，得到的结论是："人的生命自生、自死，自厚、自薄，非医药所能挽回。"想通了这些道理，再去看齐景公的牛山之哭，真个是贪生怕死的好笑行为。

第七谈逸（《杨朱》篇）

《杨朱》篇是古籍中记载有关杨朱思想最完备的一篇，所以有人认为《列子》一书，其实包括《列子》、《杨朱》两书，价值弥足珍贵。

古书中对杨朱思想的记载，有《孟子》上所说："杨子取为我，拔一毛而利天下不为也"及"杨氏为我，是无君也"。另外《吕氏春秋》说："杨生贵己。"从这些记载，只能知道杨朱学说是"为我"、"贵己"，其他详细内容就不得而知了。而孟子曾说："杨朱、墨翟之言盈天下，天下之言不归杨则归墨。"可见杨朱学说当时极为盛行，如果只有《孟子》、《吕览》所记，根本看不出完整的杨朱学说。

现在我们根据《杨朱》篇所记，就更能体会杨朱的为我贵己，应当是"且趣当生，奚遑死后"的"现实快乐主义"。这种思想在历史上表现最彻底的是魏晋的清谈人物，如竹林七贤的任诞放逸，是最具体的代表。所以有人说《列子》一书是东晋人所伪辑的，若以《杨朱》篇看来，是非常有力的说法，加以注《列子》的张湛也正处于那种环境，自然对此书有更深的感受了。

了解这些关系，再看看全篇的内容。首先杨朱提出"实无名，名无实"的说法，劝人不要斤斤计较名位，应该过真实的快乐生活。接着指出"生暂来，死暂往"，不要因生死而悲喜不安，而生死智愚贵贱最后都归于一死，所以要"且趣当生，奚遑死后"。

其次又有所谓"清真误人"，"生恣肆，死顺遇"的看法，主张一个人活着要为自己现实的快乐做打算，不要为了博取好名声而弄得失去了自己。最高潮的地方是以子产兄弟朝暮的纵乐酒色，颓靡荒逸，把礼俗一扫而光。高潮之后，又举端木叔的尽情适性才是个通达的人，所以杨朱主张"拔一毛以利天下而不为"，只要人人各得其所，各适其性，而不为"寿、名、位、货"所扰。所以这里归纳《杨朱》全篇主旨为放逸自适，名之曰"逸"。

第八谈变（《说符》篇）

中国人心目中的宇宙是轮流周转，往复不已的，所以《易经》所象征宇宙的盈虚、往来、屈伸、剥复、损益各种关系都是循环有规律的。

但这大循环中却有无数的变量，不是我们所能预料的，所以老子说："有无相生，难易相成，长短相形，高下相倾，音声相和，前后相随。"人事的无常变化中，很多因素不是从天地大循环考虑得到的，如果不能抓住时机，往往事与愿违，而这些时机也不是事先可以料定的，因此只有放开心胸，不为外在的变量所困，才能冲破难关，追求适性的生命。

《说符》篇所表达的思想虽然很不一致，但大部分以这种不可预料的机变为主，如宋人养的黑母牛生小白牛后，他就无缘无故瞎了眼睛，后来宋国战乱，他却因眼瞎而不必充军，保全了性命，这正是"祸兮福所倚，福兮祸所伏"的道理。又如牛缺遇盗，财物被抢，表现出无所谓的样子，结果被强盗杀了；而燕人遇盗，财物被夺，心有不甘，强争到底，结果也被杀了，这些祸福都是变量，任何人都不能预料，所以"得时者昌，失时者亡"，"理无常是，事无常非"。

另外《说符》篇中也有与时变无关的，如"学道者为富"、"忠信可以渡大河"……可能是后来加入，与全篇思想有所不同。

以上谈道、谈顺、谈幻、谈心、谈神、谈命、谈逸、谈变八个主题，综合起来，列子的思想仍然是"顺自然之道，冲虚而无为"，与老、庄同出一辙。而列子讲的是"虚"，庄子讲的是"天"，老子讲的是"道"，"虚"、"天"、"道"三者都是顺乎自然，自生自化，以生生化化为宇宙本体，所以《汉书·艺文志》以老庄列三人的著述同列道家。

最后说明本书是采用宋刻本，清黄丕烈所校，光绪甲申借铁琴铜剑楼宋刊本摹，广文书局影印。

附录　原典精选

天瑞第一

（一）子列子居郑圃，四十年人无识者。国君卿大夫视之，犹众庶也。国不足，将嫁于卫。弟子曰："先生往无反期，弟子敢有所谒；先生将何以教？先生不闻壶丘子林之言乎？"子列子笑曰："壶子何言哉？虽然，夫子尝语伯昏瞀人。吾侧闻之，试以告女。其言曰：有生不生，有化不化。不生者能生生，不化者能化化。生者不能不生；化者不能不化。故常生常化。常生常化者，无时不生，无时不化。阴阳尔，四时尔，不生者疑独，不化者往复。往复，其际不可终；疑独，其道不可穷。《黄帝书》曰：'谷神不死，是谓玄牝。玄牝之门，是谓天地之根。绵绵若存，用之不勤。'故生物者不生，化物者不化。自生自化，自形自色，自智自力，自消自息。谓之生化、形色、智力、消息者，非也。"

（二）子列子曰："昔者圣人因阴阳以统天地。夫有形者生于无形，则天地安从生？故曰：有太易，有太初，有太始，有太素。太易者，未见气也；太初者，气之始也；太始者，形之始也；太素者，质之始也。气形质具而未相离，故曰浑沦。浑沦者，言万物相浑沦而未相离也。视之不见，听之不闻，循之不得，故曰易也。易无形埒（liè），易变而为一，一变而为七，七变而为九。九变者，究也；乃复变而为一。一者，形变之始也。清轻者上为天，浊重者下为地，冲和气者为人；故天地含精，万物化生。"

（三）子列子曰："天地无全功，圣人无全能，万物无全用。

故天职生覆，地职形载，圣职教化，物职所宜。然则天有所短，地有所长，圣有所否，物有所通。何则？生覆者不能形载，形载者不能教化，教化者不能违所宜，宜定者不出所位。故天地之道，非阴则阳；圣人之教，非仁则义；万物之宜，非柔则刚；此皆随所宜而不能出所位者也。故有生者，有生生者；有形者，有形形者；有声者，有声声者；有色者，有色色者；有味者，有味味者。生之所生者死矣，而生生者未尝终；形之所形者实矣，而形形者未尝有；声之所声者闻矣，而声声者未尝发；色之所色者彰矣，而色色者未尝显；味之所味者尝矣，而味味者未尝呈；皆无为之职也。能阴能阳，能柔能刚，能短能长，能员能方，能生能死，能暑能凉，能浮能沉，能宫能商，能出能没，能玄能黄，能甘能苦，能膻能香。无知也，无能也，而无不知也，而无不能也。"

（四）子列子适卫，食于道，从者见百岁髑髅（dú lóu），攓（qiān）蓬而指，顾谓弟子百丰曰："唯予与彼知而未尝生未尝死也。此过养乎？此过欢乎？"种有几：若蛙为鹑，得水为㡭。得水土之际，则为蛙蠙之衣。生于陵屯，则为陵舄。陵舄得郁栖，则为乌足。乌足之根为蛴螬，其叶为胡蝶。胡蝶胥也化而为虫，生灶下，其状若脱，其名曰鸲掇。鸲掇千日化而为鸟，其名曰乾馀骨。乾馀骨之沫为斯弥，斯弥为食醯颐辂。食醯颐辂生乎食醯黄軦，食醯黄軦生乎九猷，九猷生乎瞀芮，瞀芮生乎腐蠸。羊肝化为地皋，马血之为转邻也，人血之为野火也。鹞之为鹯，鹯之为布谷，布谷久复为鹞也。燕之为蛤也，田鼠之为鹑也，朽瓜之为鱼也，老韭之为苋也，老羭之为猿也，鱼卵之为虫。亶爰之兽自孕而生曰类，河泽之鸟视而生曰鹢。纯雌其名大鶪，纯雄其名稚蜂。思士不妻而感，思女不夫而孕。后稷生乎巨迹，伊尹生乎空桑。厥昭生乎湿，醯鸡生乎酒。羊奚比乎不笋，久竹生青宁，青宁生程，程生马，马生人，人久入于机。万物皆出于机，皆入于机。

（五）《黄帝书》曰："形动不生形而生影，声动不生声而生响，无动不生无而生有。"形，必终者也；天地终乎？与我偕终。终进乎？不知也。道终乎本无始，进乎本不久。有生则复于不生，有形则复于无形。不生者，非本不生者也；无形者，非本无形者也。生者，理之必终者也。终者不得不终，亦如生者之不得不生。而欲恒其生，画其终，惑于数也。精神者，天之分；骨骸者，地之分。属天清而散，属地浊而聚。精神离形，各归其真；故谓之鬼。鬼，归也，归其真宅。黄帝曰：'精神入其门，骨骸反其根，我尚何存？'"

（六）人自生至终，大化有四：婴孩也，少壮也，老耄也，死亡也。其在婴孩，气专志一，和之至也；物不伤焉，德莫加焉。其在少壮，则血气飘溢，欲虑充起；物所攻焉，德故衰焉。其在老耄，则欲虑柔焉；体将休焉，物莫先焉。虽未及婴孩之全，方于少壮，闲矣。其在死亡也，则之于息焉，反其极矣。

（七）孔子游于太山（即泰山），见荣启期行乎郕之野，鹿裘带索，鼓琴而歌。孔子问曰："先生所以乐，何也？"对曰："吾乐甚多，天生万物，唯人为贵。而吾得为人，是一乐也。男女之别，男尊女卑，故以男为贵。吾既得为男矣，是二乐也。人生有不见日月、不免襁褓者，吾既已行年九十矣，是三乐也。贫者，士之常也，死者，人之终也，处常得终，当何忧哉？"孔子曰："善乎！能自宽者也。"

（八）林类年且百岁，底春被裘，拾遗穗于故畦，并歌并进。孔子适卫，望之于野。顾谓弟子曰："彼叟可与言者，试往讯之！"子贡请行。逆之垄端，面之而叹曰："先生曾不悔乎，而行歌拾穗？"林类行不留，歌不辍。子贡叩之不已，乃仰而应曰："吾何悔邪？"子贡曰："先生少不勤行，长不竞时，老无妻子，死期将至，亦有何乐而拾穗行歌乎？"林类笑曰："吾之所以为乐，人皆有之，而反以为忧。少不勤行，长不竞时，故能寿若此。老无妻子，死期将至，故能乐若此。"子贡曰："寿者人之情，死者人之恶。子以死为乐，何也？"林类曰："死之与生，一往一反。故死于是者，安知不生于彼。故吾知其不相若矣？吾又安知营营而求生非惑乎？亦又安知吾今之死不愈昔之生乎？"子贡闻之，不喻其意，还以告夫子。夫子曰："吾知其可与言，果然。然彼得之而尽者也。"

（九）子贡倦于学，告仲尼曰："愿有所息。"仲尼曰："生无所息。"子贡曰："然则赐息无所乎？"仲尼曰："有焉耳。望其圹（kuàng），睪如也，宰如也，坟如也，鬲如也，则知所息矣。"子贡曰："大哉死乎！君子息焉，小人伏焉。"仲尼曰："赐！汝知之矣。人胥知生之乐，未知生之苦；知老之惫，未知老之佚；知死之恶，未知死之息也。晏子曰：'善哉，古之有死也！仁者息焉，不仁者伏焉。'死也者，德之徼也。古者谓死人为归人。夫言死人为归人，则生人为行人矣。行而不知归，失家者也。一人失家，一世非之；天下失家，莫知非焉。有人去乡土、离六亲、废家业、游于四方而不归者，何人哉？世必谓之为狂荡之人矣。又有人钟贤世，矜巧能、修名誉、夸张于世而不知已者，亦何人哉？世必以为智谋之士。此二者，胥失者也。而世与一不与一，唯圣人知所与，知所去。"

（十）或谓子列子曰："子奚贵虚？"列子曰："虚者无贵也。"子列子曰："非其名也，莫如静，莫如虚。静也虚也，得其居矣；取也与也，失其所矣。事之破碼（huǐ）而后有舞仁义者，弗能复也。"

（十一）粥熊（即鬻熊，楚国先祖）曰："运转亡已，天地密移，畴觉之哉？故物损于彼者盈于此，成于此者亏于彼。损盈成亏，随世随死。往来相接，间不可省，畴觉之哉？凡一气不顿进，一形不顿亏，亦不觉其成，亦不觉其亏。亦如人自世至老，貌色智态，亡日不异；皮肤爪发，随世随落，非婴孩时有停而不易也。间不可觉，俟至后知。"

（十二）杞国有人忧天地崩坠，身亡所寄，废寝食者；又有忧彼之所忧者，因往晓之，曰："天，积气耳，亡处亡气。若屈伸呼吸，终日在天中行止，奈何忧崩坠乎？"其人曰："天果积气，日月星宿，不当坠耶？"晓之者曰："日月星宿，亦积气中之有光耀者；只使坠，亦不能有所中伤。"其人曰："奈地坏何？"晓者曰："地积块耳，充塞四虚，亡处亡块。若躇（chú）步跐（cǐ）蹈，终日在地上行止，奈何忧其坏？"其人舍然大喜，晓之者亦舍然大喜。长庐子闻而笑之曰："虹蜺也，云雾也，风雨也，四时也，此积气之成乎天者也。山岳也，河海也，金石也，火木也，此积形之成乎地者也。知积气也，知积块也，奚谓不坏？夫天地，空中之一细物，有中之最巨者。难终难穷，此固然矣；难测难识，此固然矣。忧其坏者，诚为大远；言其不坏者，亦为未是。天地不得不坏，则会归于坏。遇其坏时，奚为不忧哉？"子列子闻而笑曰："言天地坏者亦谬，言天地不坏者亦谬。坏与不坏，吾所不能知也。虽然，彼一也，此一也。故生不知死，死不知生；来不知去，去不知来。坏与不坏，吾何容心哉？"

（十三）舜问乎烝曰："道可得而有乎？"曰："汝身非汝有也，汝何得有夫道？"舜曰："吾身非吾有，孰有之哉？"曰："是天地之委形也。生非汝有，是天地之委和也。性命非汝有，是天地之委顺也。孙子非汝有，是天地之委蜕也。故行不知所往，处不知所持，食不知所以。天地强阳，气也，又胡可得而有邪？"

（十四）齐之国氏大富，宋之向氏大贫，自宋之齐，请其术。国氏告之曰："吾善为盗，始吾为盗也，一年而给，二年而足，三年大穰。自此以往，施及州闾。"向氏大喜。喻其为盗之言，而不喻其为盗之道，遂逾垣凿室，手目所及，亡不探也。未及时，以赃获罪，没其先居之财。向氏以国氏之谬己也，往而怨之。国氏曰："若为盗若何？"向氏言其状。国氏曰："嘻！若失为盗之道至此乎？今将告若矣。吾闻天有时，地有利。吾盗天地之时利，云雨之滂润，山泽之产育，以生吾禾，殖吾稼，筑吾垣，建吾舍。陆盗禽兽，水盗鱼鳖，亡非盗也。夫禾稼、土木、禽兽、鱼鳖，皆天之所生，岂吾之所有？然吾盗天而亡殃。夫金玉珍宝，谷帛财货，人之所聚，岂天之所与？若盗之而获罪，孰怨哉？"向氏大惑，以为国氏之重罔己也，过东郭先生问焉。东郭先生曰："若一身庸非盗乎？盗阴阳之和以成若生，载若形；况外物而非盗哉？诚然，天地万物不相离也；刕而有之，皆惑也。国氏之盗，公道也，故亡殃；若之盗，私心也，故得罪。有公私者，亦盗也；亡公私者，亦盗也。公公私私，天地之德。知天地之德者，孰为盗邪？孰为不盗邪？"

仲尼第四

（一）仲尼闲居，子贡入侍，而有忧色，子贡不敢问，出告颜回。颜回援琴而歌。孔子闻之，果召回入，问曰："若奚独乐？"回曰："夫子奚独忧？"孔子曰："先言尔志。"曰："吾昔闻之夫子曰'乐天知命故不忧'，回所以乐也。"孔子愀然有间曰："有是言哉？汝之意失矣。此吾昔日之言尔，请以今言为正也。汝徒知乐天知命之无忧，未知乐天知命有忧之大也。今告若其实：修一身，任穷达，知去来之非我，亡变乱于心虑，尔之所谓乐天知命之无忧也。曩吾修《诗》、《书》，正礼乐，将以治天下，遗来世；非但修一身，治鲁国而已。而鲁之君臣日失其序，仁义益衰，情性益薄。此道不行一国与当年，其如天下与来世矣？吾始知《诗》、《书》、礼乐无救于治乱，而未知所以革之之方。此乐天知命者之所忧。虽然，吾得之矣。夫乐而知者，非古人之所谓乐知也。无乐无知，是真乐真知；故无所不乐，无所不知，无所不忧，无所不为。《诗》、《书》、礼乐，何弃之有？革之何为？”颜回北面拜手：曰："回亦得之矣。"出告子贡。子贡茫然自失，归家淫思七日，不寝不食，以至骨立。颜回重往喻之，乃反丘门，弦歌诵书，终身不辍。

（二）陈大夫聘鲁，私见叔孙氏。叔孙氏曰："吾国有圣人。"曰："非孔丘邪？"曰："是也。""何以知其圣乎？"叔孙氏曰："吾常闻之颜回，曰：'孔丘能废心而用形。'"陈大夫曰："吾国亦有圣人，子弗知乎？"曰："圣人孰谓？"曰："老聃之弟子有亢仓子者，得聃之道，能以耳视而目听。"鲁侯闻之大惊，使上卿厚礼而致之。亢仓子应聘而至。鲁侯卑辞请问之。亢仓子曰："传之者妄。我能视听不用耳目，不能易耳目之用。"鲁侯曰："此增异矣。其道奈何？寡人终愿闻之。"亢仓子曰："我体合于心，心合于气，气合于神，神合于无。其有介然之有，唯然之音，虽远在八荒之外，近在眉睫之内，来干我者，我必知之，乃不知是我七孔四支之所觉，心腹六藏之所知，其自知而已矣。"鲁侯大悦。他日以告仲尼，仲尼笑而不答。

（三）商太宰见孔子，曰："丘圣者欤？"孔子曰："圣则丘何敢，然则丘博学多识者也。"商太宰曰："三王圣者欤？"孔子曰："三王善任智勇者，圣则丘弗知。"曰："五帝圣者欤？"孔子曰："五帝善任仁义者，圣则丘弗知。"曰："三皇圣者欤？"孔子曰："三皇善任因时者，圣则丘弗知。"商太宰大骇，曰："然则孰者为圣？"孔子动容有间，曰："西方之人有圣者焉，不治而不乱，不言而自信，不化而自行，荡荡乎民无能名焉。丘疑其为圣。弗知真为圣欤？真不圣欤？"商太宰嘿然心计曰："孔丘欺我哉！"

（四）子夏问孔子曰："颜回之为人奚若？"子曰："回之仁贤于丘也。"曰："子贡之为人奚若？"子曰："赐之辩贤于丘也。"曰："子路之为人奚若？"子曰："由之勇贤于丘也。"曰："子张之为人奚若？"子曰："师之庄贤于丘也。"子夏避席而问曰："然则四子者何为事夫子？"曰："居！吾语汝。夫回能仁而不能反，赐能辩而不能讷，由能勇而不能怯，师能庄而不能同。兼四子之有以易吾，吾弗许也。此其所以事吾而不贰也。"

（五）子列子既师壶丘子林，友伯昏瞀人，乃居南郭。从之处者，日数而不及。虽然，子列子亦微焉。朝朝相与辩，无不闻。而与南郭子连墙二十年，不相谒请；相遇于道，目若不相见者，门之徒役以为子列子与南郭子有敌不疑。有自楚来者，问子列子曰："先生与南郭子奚敌？"子列子曰："南郭子貌充心虚，耳无

闻,目无见,口无言,心无知,形无惕。往将奚为?虽然,试与
汝偕往。"阅弟子四十人同行,见南郭子,果若欺魄焉,而不可
与接。顾视子列子,形神不相偶,而不可与群。南郭子俄而指子
列子之弟子末行者与言,衎衎然若专直而在雄者。子列子之徒骇
之。反舍,咸有疑色。子列子曰:"得意者无言,进知者亦无言。
用无言为言亦言,无知为知亦知。无言与不言,无知与不知,亦
言亦知。亦无所不言,亦无所不知;亦无所言,亦无所知。如斯
而已。汝奚妄骇哉?"

(六)子列子学也,三年之后,心不敢念是非,口不敢言利
害,始得老商一眄而已。五年之后,心更念是非,口更言利害,
老商始一解颜而笑。七年之后,从心之所念,更无是非;从口之
所言,更无利害。夫子始一引吾并席而坐。九年之后,横心之所
念,横口之所言,亦不知我之是非利害欤,亦不知彼之是非利害
欤,外内进矣。而后眼如耳,耳如鼻,鼻如口,口无不同。心凝
形释,骨肉都融;不觉形之所倚,足之所履,心之所念,言之所
藏。如斯而已。则理无所隐矣。

(七)初,子列子好游。壶丘子曰:"御寇好游,游何所好?"
列子曰:"游之乐所玩无故。人之游也,观其所见;我之游也,观
其所变。游乎游乎!未有能辨其游者。"壶丘子曰:"御寇之游固
与人同欤,而曰固与人异欤?凡所见,亦恒见其变,玩彼物之无
故,不知我亦无故。务外游,不知务内观。外游者,求备于物;
内观者,取足于身。取足于身,游之至也;求备于物,游之不

至也。"于是列子终身不出，自以为不知游。壶丘子曰："游其至乎！至游者，不知所适；至观者，不知所眂（shì）。物物皆游矣，物物皆观矣，是我之所谓游，是我之所谓观也。故曰：游其至矣乎！游其至矣乎！"

（八）龙叔谓文挚曰："子之术微矣。吾有疾，子能已乎？"文挚曰："唯命所听。然先言子所病之证。"龙叔曰："吾乡誉不以为荣，国毁不以为辱；得而不喜，失而弗忧；视生如死；视富如贫；视人如豕；视吾如人。处吾之家，如逆旅之舍；观吾之乡，如戎蛮之国；凡此众疾，爵赏不能劝，刑罚不能威，盛衰利害不能易，哀乐不能移。固不可事国君，交亲友，御妻子，制仆隶。此奚疾哉？奚方能已之乎？"文挚乃命龙叔背明而立，文挚自后向明而望之，既而曰："嘻！吾见子之心矣，方寸之地虚矣。几圣人也！子心六孔流通，一孔不达。今以圣智为疾者，或由此乎！非吾浅术所能已也。"

（九）无所由而常生者，道也。由生而生，故虽终而不亡，常也。由生而亡，不幸也。有所由而常死者，亦道也。由死而死，故虽未终而自亡者，亦常也。由死而生，幸也。故无用而生谓之道，用道得终谓之常；有所用而死者亦谓之道，用道而得死者亦谓之常。季梁之死，杨朱望其门而歌；随梧之死，杨朱抚其尸而哭。隶人之生，隶人之死，众人且歌，众人且哭。

（十）目将眇者，先睹秋毫；耳将聋者，先闻蚋飞；口将爽者，先辨淄、渑；鼻将窒者，先觉焦朽；体将僵者，先亟犇（bēn）

佚；心将迷者，先识是非；故物不至者则不反。

（十一）郑之圃泽多贤，东里多才。圃泽之役有伯丰子者，行过东里，遇邓析。邓析顾其徒而笑曰："为若舞，彼来者奚若？"其徒曰："所愿知也。"邓析谓伯丰子曰："汝知养养之义乎？受人养而不能自养者，犬豕之类也；养物而物为我用者，人之力也。使汝之徒食而饱，衣而息，执政之功也。长幼群聚而为牢藉庖厨之物，奚异犬豕之类乎？"伯丰子不应。伯丰子之从者越次而进曰："大夫不闻齐鲁之多机乎？有善治土木者，有善治金革者，有善治声乐者，有善治书数者，有善治军旅者，有善治宗庙者，群才备也。而无相位者，无能相使者。而位之者无知，使之者无能，而知之与能为之使焉。执政者，乃吾之所使；子奚矜焉？"邓析无以应，目其徒而退。

（十二）公仪伯以力闻诸侯，堂谿公言之于周宣王，王备礼以聘之。公仪伯至，观形，懦夫也。宣王心惑而疑曰："女之力何如？"公仪伯曰："臣之力能折春螽之股，堪秋蝉之翼。"王作色曰："吾之力能裂犀兕之革，曳九牛之尾，犹憾其弱；女折春螽之股，堪秋蝉之翼，而力闻天下，何也？"公仪伯长息退席，曰："善哉！王之问也！臣敢以实对。臣之师有商丘子者，力无敌于天下，而六亲不知；以未尝用其力故也。臣以死事之。乃告臣曰：'人欲见其所不见，视人所不窥；欲得其所不得，修人所不为。故学视者先见舆薪，学听者先闻撞钟。夫有易于内者无难于外。于外无难，故名不出其一家。'今臣之名闻于诸侯，是臣违师之教，显臣之能者也。然则臣之名不以负其力者也，以能用其力者也；不犹愈于负其力者乎？"

（十三）中山公子牟者，魏国之贤公子也。好与贤人游，不恤国事，而悦赵人公孙龙。乐正子舆之徒笑之。公子牟曰："子何笑牟之悦公孙龙也？"子舆曰："公孙龙之为人也，行无师，学无友，佞给而不中，漫衍而无家，好怪而妄言。欲惑人之心，屈人之口，与韩檀等肄之。"公子牟变容曰："何子状公孙龙之过欤？请闻其实。"子舆曰："吾笑龙之诒孔穿，言'善射者能令后镞中前括，发发相及，矢矢相属；前矢造准而无绝落，后矢之括犹衔弦，视之若一焉。'孔穿骇之。龙曰：'此未其妙者。逢蒙之弟子曰鸿超，怒其妻而怖之。引乌号之弓，綦卫之箭，射其目。矢来注眸子而眶不睫，矢隧地而尘不扬。'是岂智者之言与？"公子牟曰："智者之言固非愚者之所晓。后镞中前括，钧后于前。矢注眸子而眶不睫，尽矢之势也。子何疑焉？"乐正子舆曰："子，龙之徒，焉得不饰其阙？吾又言其尤者。龙诳魏王曰：'有意不心。有指不至。有物不尽。有影不移。发引千钧。白马非马。孤犊未尝有母。'其负类反伦，不可胜言也。"公子牟曰："子不谕至言而以为尤也，尤其在子矣。夫无意则心同。无指则皆至。尽物者常有。影不移者，说在改也。发引千钧，势至等也。白马非马，形名离也。孤犊未尝有母，非孤犊也。"乐正子舆曰："子以公孙龙之鸣皆条也。设令发于余窍，子亦将承之。"公子牟默然良久，告退，曰："请待余日，更谒子论。"

（十四）尧治天下五十年，不知天下治欤，不治欤？不知亿兆之愿戴己欤？不愿戴己欤？顾问左右，左右不知。问外朝，外朝不知。问在野，在野不知。尧乃微服游于康衢，闻儿童谣曰："立我蒸民，莫匪尔极。不识不知，顺帝之则。"尧喜问曰："谁教尔为此言？"童儿曰："我闻之大夫。"大夫曰："古诗也。"尧还宫，召舜，因禅以天下。舜不辞而受之。

（十五）关尹喜曰："在己无居，形物其箸。其动若水，其静若镜，其应若响。故其道若物者也。物自违道，道不违物。善若道者，亦不用耳，亦不用目，亦不用力，亦不用心。欲若道而用视听形智以求之，弗当矣。瞻之在前，忽焉在后；用之弥满，六虚废之，莫知其所。亦非有心者所能得远，亦非无心者所能得近。唯默而得之，而性成之者得之。知而亡情，能而不为，真知真能也。发无知，何能情？发不能，何能为？聚块也，积尘也，虽无为而非理也。"

汤问第五

（一）殷汤问于夏革曰："古初有物乎？"夏革曰："古初无物，今恶得物？后之人将谓今之无物，可乎？"殷汤曰："然则物无先后乎？"夏革曰："物之终始，初无极已。始或为终，终或为始，恶知其纪？然自物之外，自事之先，朕所不知也。"殷汤曰："然

227

则上下八方有极尽乎？"革曰："不知也。"汤固问。革曰："无则无极，有则有尽；朕何以知之？然无极之外复无无极，无尽之中复无无尽，无极复无无极，无尽复无无尽。朕以是知其无极无尽也，而不知其有极有尽也。"汤又问曰："四海之外奚有？"革曰："犹齐州也。"汤曰："汝奚以实之？"革曰："朕东行至营，人民犹是也。问营之东，复犹营也。西行至豳，人民犹是也。问豳之西，复犹豳也。朕以是知四海、四荒、四极之不异是也。故大小相含，无穷极也。含万物者，亦如含天地。含万物也故不穷，含天地也故无极。朕亦焉知天地之表不有大天地者乎？亦吾所不知也。然则天地亦物也。物有不足，故昔者女娲氏练五色石以补其阙；断鳌之足以立四极。其后共工氏与颛顼争为帝，怒而触不周之山，折天柱，绝地维；故天倾西北，日月辰星就焉；地不满东南，故百川水潦归焉。"汤又问："物有巨细乎？有修短乎？有同异乎？"革曰："渤海之东不知几亿万里；有大壑焉，实惟无底之谷，其下无底，名曰归墟。八纮（hóng）九野之水，天汉之流，莫不注之，而无增无减焉。其中有五山焉：一曰岱舆，二曰员峤，三曰方壶，四曰瀛洲，五曰蓬莱。其山高下周旋三万里，其顶平处九千里。山之中间相去七万里，以为邻居焉。其上台观皆金玉，其上禽兽皆纯缟。珠玕之树皆丛生，华实皆有滋味，食之皆不老不死。所居之人皆仙圣之种；一日一夕飞相往来者，不可数焉。而五山之根无所连箸，常随潮波上下往还，不得蹔（zàn）峙焉。仙圣毒之，诉之于帝。帝恐流于西极，失群仙圣之居，乃命禺彊使巨鳌十五举首而戴之。迭为三番，六万岁一交焉。五山始峙而不动。而龙伯之国有大人，举足不盈数步而暨五山之所，一钓而连六鳌，合负而趣归其国，灼其骨以数焉。于是岱舆、员峤二山流于北极，沉于大海，仙圣之播迁者巨亿计。帝凭（píng）怒，侵减龙伯之国使阨，侵小龙伯之民使短。至伏羲神农时，其国人犹数十丈。从中州以东四十万里得僬侥国，人长一尺五寸。东北极有人名曰诤人，长九寸。荆之南有冥灵者，以五百岁为春，五百岁为秋。上古有大椿者，以八千岁为春，八千岁为秋。朽壤之上有菌芝者，生于朝，死于晦。春夏之月有蠓蚋者，因雨而生，见阳而死。终北之北有溟海者，天池也，有鱼焉，其广数千里，其长称焉，其名为鲲。有鸟焉，其名为鹏，翼若垂天之云，其体称焉。世岂知有此物哉？大禹行而见之，伯益知而名之，夷坚闻而志之。江浦之间生麼虫，其名曰焦螟，群飞而集于蚊睫，弗相触也。栖宿去来，蚊弗觉也。离朱、子羽方昼拭眦扬眉而望之，弗见其形；𪃟俞、师旷方夜擿耳俛首而听之，弗闻其声。唯黄帝与容成子居空峒之上，同斋三月，心死形废，徐以神视，块然见之，若嵩山之阿，徐以气听，砰然闻之，若雷霆之声。吴楚之国有大木焉，其名为櫾，碧树而冬生，实丹而味酸，食其皮汁，已愤厥之疾。齐州珍之，渡淮而北而化为枳焉。鹳鹆不逾济，貉逾汶则死矣；地气然也。虽然，形气异也，性钧已，无相易已。生皆全已，分皆足已。吾何以识其巨细？何以识其修短？何以识其同异哉？”

（二）太行、王屋二山，方七百里，高万仞；本在冀州之南，河阳之北。北山愚公者，年且九十，面山而居。惩山北之塞，出入之迂也，聚室而谋，曰："吾与汝毕力平险，指通豫南，达于汉阴，可乎？"杂然相许。其妻献疑曰："以君之力，曾不能损魁父之丘。如太行、王屋何？且焉置土石？"杂曰："投诸渤海之尾，隐土之北。"遂率子孙荷担者三夫，叩石垦壤，箕畚运于渤海之尾。邻人京城氏之孀妻有遗男，始龀（chèn），跳往助之。寒暑易节，始一反焉。河曲智叟笑而止之，曰："甚矣！汝之不惠！以残年余力，曾不能毁山之一毛；其如土石何？"北山愚公长息曰："汝心之固，固不可彻，曾不若孀妻弱子。虽我之死，有子存焉。子又生孙，孙又生子；子又有子，子又有孙，子子孙孙，无穷匮也；而山不加增，何苦而不平！"何曲智叟亡以应。操蛇之神闻之，惧其不已也，告之于帝。帝感其诚，命夸蛾氏二子负二山，一厝（cuò）朔东，一厝雍南。自此，冀之南汉之阴无陇断焉。

（三）夸父不量力，欲追日影，逐之于隅谷之际。渴欲得饮，赴饮河、渭。河、渭不足，将走北饮大泽。未至，道渴而死。弃其杖，尸膏肉所浸，生邓林。邓林弥广数千里焉。

（四）大禹曰："六合之间，四海之内，照之以日月，经之以星辰，纪之以四时，要之以太岁。神灵所生，其物异形；或夭或寿，唯圣人能通其道。"夏革曰："然则亦有不待神灵而生，不待阴阳而形，不待日月而明，不待杀戮而夭，不待将迎而寿，不待五谷而食，不待缯纩而衣，不待舟车而行，其道自然，非圣人之所通也。"

（五）禹之治水土也，迷而失涂，谬之一国。滨北海之北，不知距齐州几千万里。其国名曰终北，不知际畔之所齐限，无风雨霜露，不生鸟兽、虫鱼、草木之类。四方悉平，周以乔陟。当国之中有山，山名壶领，状若甔甀，顶有口，状若员环，名曰滋穴。有水涌出，名曰神瀵，臭过兰椒，味过醪醴。一源分为四埒，注于山下。经营一国，亡不悉遍。土气和，亡札厉。人性婉而从物，不竞不争。柔心而弱骨，不骄不忌；长幼侪居，不君不臣；男女杂游，不媒不聘；缘水而居，不耕不稼。土气温适，不织不衣；百年而死，不夭不病。其民孳阜亡数，有喜乐，亡衰老哀苦。其俗好声，相携而迭谣，终日不辍音。饥倦则饮神瀵，力志和平。过则醉，经旬乃醒。沐浴神瀵，肤色脂泽，香气经旬乃歇。周穆王北游过其国，三年忘归。既反周室，慕其国，憼（chǎng）然自失。不进酒肉，不召嫔御者，数月乃复。管仲勉齐桓公因游辽口，俱之其国，几克举。隰朋谏曰："君舍齐国之广，人民之众，山川之观，殖物之阜，礼义之盛，章服之美，妖靡盈庭，忠良满朝。肆咤则徒卒百万，视撝（huī）则诸侯从命，亦奚羡于彼而弃齐国之社稷，从戎夷之国乎？此仲父之耄，奈何从之？"桓公乃止，以隰朋之言告管仲。仲曰："此固非朋之所及也。臣恐彼国之不可知之也。齐国之富奚恋？隰朋之言奚顾？"

（六）南国之人祝发而裸，北国之人鞨巾而裘，中国之人冠冕而裳。九土所资，或农或商，或田或渔；如冬裘夏葛，水舟陆车。默而得之，性而成之。越之东有辄沐之国，其长子生，则鲜而食之，谓之宜弟，其大父死，负其大母而弃之，曰：鬼妻不可以同居处。楚之南有炎人之国，其亲戚死。刳（guǎ）其肉而弃之，然后埋其骨。乃成为孝子。秦之西有仪渠之国者，其亲戚死，聚柴积而焚之。燻则烟上，谓之登遐，然后成为孝子。此上以为政，下以为俗，而未足为异也。

（七）孔子东游，见两小儿辩斗。问其故。一儿曰："我以日始出时去人近，而日中时远也。"一儿以日初出远，而日中时近也。一儿曰："日初出大如车盖；及日中，则如盘盂：此不为远者小而近者大乎？"一儿曰："日初出沧沧凉凉，及其日中如探汤：此不为近者热而远者凉乎？"孔子不能决也。两小儿笑曰："孰为汝多知乎？"

（八）均，天下之至理也，连于形物亦然。均发均县，轻重而发绝，发不均也。均也，其绝也莫绝，人以为不然，自有知其然者也。詹何以独茧丝为纶，芒针为钩，荆筱（xiǎo）为竿，剖粒为饵，引盈车之鱼于百仞之渊，汩流之中；纶不绝，钩不伸，竿不挠。楚王闻而异之，召问其故。詹何曰："臣闻先大夫之言，蒲且子之弋也，弱弓纤缴，乘风振之，连双鸧（cāng）于青云之际。用心专，动手均也。臣因其事，放而学钓。五年始尽其道。当臣之临河持竿，心无杂虑，唯鱼之念；投纶沉钩，手无轻重，物莫能乱。鱼见臣之钩饵，犹沉埃聚沫，吞之不疑。所以能以弱制强，以轻致重也。大王治国诚能若此，则天下可运于一握，将亦奚事哉？"楚王曰："善。"

（九）鲁公扈、赵齐婴二人有疾，同请扁鹊求治。扁鹊治之。

既同愈。谓公扈、齐婴曰:"汝曩之所疾,自外而干府藏者,固药石之所已,今有偕生之疾,与体偕长;今为汝攻之,何如?"二人曰:"愿先闻其验。"扁鹊谓公扈曰:"汝志强而气弱,故足于谋而寡于断。齐婴志弱而气强,故少于虑而伤于专。若换汝之心,则均于善矣。"扁鹊遂饮二人毒酒,迷死三日,剖胸探心,易而置之;投以神药,既悟如初。二人辞归。于是公扈反齐婴之室,而有其妻子;妻子弗识。齐婴亦反公扈之室,有其妻子;妻子亦弗识。二室因相与讼,求辨于扁鹊。扁鹊辨其所由,讼乃已。

(十)匏(páo)巴鼓琴而鸟舞鱼跃,郑师文闻之,弃家从师襄游。柱指钩弦,三年不成章。师襄曰:"子可以归矣。"师文舍其琴,叹曰:"文非弦之不能钩、非章之不能成。文所存者不在弦,所志者不在声。内不得于心,外不应于器,故不敢发手而动弦。且小假之,以观其后。"无几何,复见师襄。师襄曰:"子之琴何如?"师文曰:"得之矣。请尝试之。"于是当春而叩商弦以召南吕,凉风忽至,草木成实。及秋而叩角弦以激夹钟,温风徐回,草木发荣。当夏而叩羽弦以召黄钟,霜雪交下,川池暴沍(hù)。及冬而叩征弦以激蕤(ruí)宾,阳光炽烈,坚冰立散。将终,命宫而总四弦,则景风翔,庆云浮,甘露降,澧泉涌。师襄乃抚心高蹈曰:"微矣!子之弹也!虽师旷之清角,邹衍之吹律,亡以加之。彼将挟琴执管而从子之后耳。"

(十一)薛谭学讴于秦青,未穷青之技,自谓尽之,遂辞归。秦青弗止,饯于郊衢,抚节悲歌,声振林木,响遏行云。薛谭乃谢求反，终身不敢言归。秦青顾谓其友曰："昔韩娥东之齐，匮粮，过雍门，鬻歌假食。既去而余音绕梁欐，三日不绝，左右以其人弗去。过逆旅，逆旅人辱之。韩娥因曼声哀哭，一里老幼悲愁，垂涕相对，三日不食。遽而追之。娥还，复为曼声长歌。一里老幼喜跃抃（biàn）舞，弗能自禁，忘向之悲也。乃厚赂发之。故雍门之人至今善歌哭，放娥之遗声。"

（十二）伯牙善鼓琴，钟子期善听。伯牙鼓琴，志在登高山。钟子期曰："善哉！峨峨兮若泰山！"志在流水。钟子期曰："善哉！洋洋兮若江河！"伯牙所念，钟子期必得之。伯牙游于泰山之阴，卒逢暴雨，止于岩下；心悲，乃援琴而鼓之。初为霖雨之操，更造崩山之音。曲每奏，钟子期辄穷其趣。伯牙乃舍琴而叹曰："善哉！善哉！子之听夫！志想象犹吾心也。吾于何逃声哉！"

（十三）周穆王西巡狩，越昆仑，不至弇山。反还，未及中国，道有献工人名偃师，穆王荐之，问曰："若有何能？"偃师曰："臣唯命所试。然臣已有所造，愿王先观之。"穆王曰："日以俱来，吾与若俱观之。"越日偃师谒见王。王荐之，曰："若与偕来者何人邪？"对曰："臣之所造能倡者。"穆王惊视之，趣步俯仰，信人也，巧夫錿（qīn）其颐，则歌合律；捧其手，则舞应节。千变万化，惟意所适，王以为实人也，与盛姬内御并观之。技将终，倡者瞬其目而招王之左右侍妾。王大怒，立欲诛偃师。偃师大慑，立剖散倡者以示王，皆傅会革、木、胶、漆、白、黑、丹、青之所为。王谛料之，内则肝、胆、心、肺、脾、肾、肠、胃，外则筋骨、支节、皮毛、齿发，皆假物也，而无不毕具者。合会复如初见。王试废其心，则口不能言；废其肝，则目不能视；废其肾，则足不能步。穆王始悦而叹曰："人之巧乃可与造化者同功乎？"诏贰车载之以归。夫班输之云梯，墨翟之飞鸢，自谓能之极也。弟子东门贾（gǔ）、禽滑（gǔ）釐（xī）闻偃师之巧以告二子，二子终身不敢语艺，而时执规矩。

（十四）甘蝇，古之善射者，彀弓而兽伏鸟下，弟子名飞卫，学射于甘蝇，而巧过其师。纪昌者，又学射于飞卫。飞卫曰："尔先学不瞬，而后可言射矣。"纪昌归，偃卧其妻之机下，以目承牵挺。二年之后，虽锥末倒眦，而不瞬也。以告飞卫。飞卫曰："未也，必学视而后可。视小如大，视微如著，而后告我。"昌以氂（máo）悬虱于牖，南面而望之。旬日之间，浸大也；三年之后，如车轮焉。以睹余物，皆丘山也。乃以燕角之弧，朔蓬之簳（gǎn）射之，贯虱之心，而悬不绝。以告飞卫。飞卫高蹈拊膺曰："汝得之矣！"纪昌既尽卫之术，计天下之敌己者，一人而已；乃谋杀飞卫。相遇于野，二人交射；中路矢锋相触，而坠于地，而尘不扬。飞卫之矢先穷。纪昌遗一矢；既发，飞卫以棘刺之端扞（hàn）之，而无差焉。于是二子泣而投弓，相拜于涂，请为父子。剋臂以誓，不得告术于人。

（十五）造父之师曰泰豆氏。造父之始从习御也，执礼甚卑，泰豆三年不告。造父执礼愈谨，乃告之曰："古诗言：'良弓之子，必先为箕；良冶之子，必先为裘。'汝先观吾趣。趣如吾，然后六辔可持，六马可御。造父曰："唯命所从。"泰豆乃立木为涂。仅可容足；计步而置，履之而行。趣走往还，无跌失也。造父学之，三日尽其巧。泰豆叹曰："子何其敏也！得之捷乎！凡所御者，亦如此也。曩汝之行，得之于足，应之于心。推于御也，齐辑乎辔衔之际，而急缓乎唇吻之和；正度乎胸臆之中，而执节乎掌握之间。内得于中心，而外合于马志，是故能进退履绳而旋曲中规矩，取道致远而气力有余，诚得其术也。得之于衔，应之于辔；得之于辔，应之于手；得之于手，应之以心。则不以目视，不以策驱；心闲体正，六辔不乱，而二十四蹄所投无差；回旋进退，莫不中节。然后舆轮之外可使无余辙，马蹄之外可使无余地；未尝觉山谷之崄，原隰之夷，视之一也。吾术穷矣。汝其识之！"

（十六）魏黑卵以昵嫌杀丘邴章，丘邴章之子来丹谋报父之仇。丹气甚猛，形甚露，计粒而食，顺风而趋。虽怒，不能称兵以报之。耻假力于人，誓手剑以屠黑卵。黑卵悍志绝众，力抗百夫。筋骨皮肉，非人类也。延颈承刀，披胸受矢，铓锷（máng è）摧屈，而体无痕挞。负其材力，视来丹犹雏鷇（kòu）也。来丹之友申他曰："子怨黑卵至矣，黑卵之易子过矣，将奚谋焉？"来丹垂涕曰："愿子为我谋。"申他曰："吾闻卫孔周其祖得殷帝之宝剑，一童子服之，却三军之众，奚不请焉？"来丹遂适卫，见孔周，执仆御之礼，请先纳妻子，后言所欲。孔周曰："吾有三剑，唯子所择；皆不能杀人，且先言其状。一曰含光，视之不可见，运之不知有。其所触也，泯然无际，轻物而物不觉。二曰承影，将旦昧爽之交，日夕昏明之际，北面而察之，淡淡焉若有物存，莫识其状。其所触也，窃窃然有声，轻物而物不疾也。三曰宵练，方昼则见影而不见光，方夜见光而不见形。其触物也，骚然而过，随过随合，觉疾而不血刃焉。此三宝者，传之十三世矣，而无施于事。匣而藏之，未尝启封。"来丹曰："虽然，吾必请其下者。"孔周乃归其妻子，与斋七日。晏阴之间，跪而授其下剑，来丹再拜受之以归。来丹遂执剑从黑卵。时黑卵之醉偃于牖下，自颈至腰三斩之。黑卵不觉。来丹以黑卵之死，趣而退。遇黑卵之子于门，击之三下，如投虚。黑卵之子方笑曰："汝何蚩而三招予？"来丹知剑之不能杀人也，叹而归。黑卵既醒，怒其妻曰："醉而露我，使我嗌疾而腰急。"其子曰："畴昔来丹之来，遇我于门，三招我，亦使我体疾而支强。彼其厌我哉！"

（十七）周穆王大征西戎，西戎献锟铻之剑，火浣之布，其剑长尺有咫，练钢赤刃，用之切玉如切泥焉。火浣之布，浣之必投于火；布则火色，垢则布色；出火而振之，皓然疑乎雪。皇子以为无此物，传之者妄。萧叔曰："皇子果于自信，果于诬理哉！"

说符第八

（一）子列子学于壶丘子林。壶丘子林曰："子知持后，则可言持身矣。"列子曰："愿闻持后。"曰："顾若影，则知之。"列子顾而观影：形枉则影曲，形直则影正。然则枉直随形而不在影，屈申任物而不在我。此之谓持后而处先。

（二）关尹谓子列子曰："言美则响美，言恶则响恶；身长则影长，身短则影短。名也者，响也；身也者，影也。故曰：'慎尔言，将有和之；慎尔行，将有随之。'是故圣人见出以知入，观往以知来。此其所以先知之理也。度在身，稽在人。人爱我，我必爱之；人恶我，我必恶之。汤武爱天下，故王；桀、纣恶天下，故亡。此所稽也。稽度皆明而不道也，譬之出不由门，行不从径也。以是求利，不亦难乎？尝观之神农、有炎之德，稽之虞、夏、商、周之书，度诸法士贤人之言，所以存亡废兴而非由此道者，未之有也。"

严恢曰："所为问道者为富。今得珠亦富矣，安用道？"子列子曰："桀、纣唯重利而轻道，是以亡。幸哉余未汝语也。人而无义，唯食而已，是鸡狗也。强食靡角，胜者为制，是禽兽也。为鸡狗禽兽矣，而欲人之尊己，不可得也。人不尊己，则危辱及之矣。"

（三）列子学射，中矣，请于关尹子。尹子曰："子知子之所以中者乎？"对曰："弗知也。"关尹子曰："未可。"退而习之。三年，又以报关尹子。尹子曰："子知子之所以中乎？"列子曰：

"知之矣。"关尹子曰:"可矣,守而勿失也。非独射也,为国与身亦皆如之。故圣人不察存亡而察其所以然。"

(四)列子曰:"色盛者骄,力盛者奋,未可以语道也。故不班白语道,失,而况行之乎?故自奋则人莫之告,人莫之告,则孤而无辅矣。贤者任人,故年老而不衰,智尽而不乱。故治国之难在于知贤而不在自贤。"

(五)宋人有为其君以玉为楮叶者,三年而成。锋杀茎柯,毫芒繁泽,乱之楮叶中而不可别也。此人遂以巧食宋国。子列子闻之,曰:"使天地之生物,三年而成一叶,则物之有叶者寡矣。故圣人恃道化而不恃智巧。"

(六)子列子穷,容貌有饥色,客有言之郑子阳者曰:"列御寇盖有道之士也,居君之国而穷,君无乃为不好士乎!"郑子阳即令官遗之粟。子列子出见使者,再拜而辞。使者去。子列子入,其妻望之而拊(fǔ)心曰:"妾闻为有道者之妻子,皆得佚乐。今有饥色,君过而遗先生食。先生不受,岂不命也哉?"子列子笑谓之曰:"君非自知我也,以人之言而遗我粟,至其罪我也,又且以人之言,此吾所以不受也。"其卒,民果作难而杀子阳。

(七)鲁施氏有二子,其一好学,其一好兵。好学者以术干齐侯;齐侯纳之,以为诸公子之傅。好兵者之楚,以法干楚王;王悦之,以为军正。禄富其家,爵荣其亲。施氏之邻人孟氏同有二子,所业亦同,而窘于贫。羡施氏之有,因从请进趋之方。二子以实告孟氏。孟氏之一子之秦,以术干秦王。秦王曰:"当今诸侯力争，所务兵食而已。若用仁义治吾国，是灭亡之道。”遂宫而放之。其一子之卫，以法干卫侯。卫侯曰："吾弱国也，而摄乎大国之间。大国吾事之，小国吾抚之，是求安之道。若赖兵权，灭亡可待矣，若全而归之，适于他国，为吾之患不轻矣。"遂刖之，而还诸鲁。既反，孟氏之父子叩胸而让施氏。施氏曰："凡得时者昌，失时者亡。子道与吾同，而功与吾异，失时者也，非行之谬也。且天下理无常是，事无常非。先日所用，今或弃之；今之所弃，后或用之。此用与不用，无定是非也。投隙抵时，应事无方，属乎智。智苟不足，使若博如孔丘，术如吕尚，焉往而不穷哉？"孟氏父子舍然无愠容，曰："吾知之矣。子勿重言！"

（八）晋文公出会，欲伐卫，公子锄仰天而笑。公问："何笑？"曰："臣笑邻之人有送其妻适私家者，道见桑妇，悦而与言，然顾视其妻，亦有招之者矣，臣窃笑此也。"公寤其言，乃止。引师而还，未至，而有伐其北鄙者矣。

（九）晋国苦盗。有郄雍者，能视盗之貌，察其眉睫之间，而得其情。晋侯使视盗，千百无遗一焉。晋侯大喜，告赵文子曰："吾得一人，而一国之盗为尽矣，奚用多为？"文子曰："吾君恃伺察而得盗，盗不尽矣。且郄雍必不得其死焉。"俄而群盗谋曰："吾所穷者郄雍也。"遂共盗而残之。晋侯闻而大骇，立召文子而告之曰："果如子言，郄雍死矣！然取盗何方？"文子曰："周谚有言：'察见渊鱼者不祥，智料隐匿者有殃。'且君欲无盗，莫若举贤而任之；使教明于上，化行于下，民有耻心，则何盗之为？"

于是用随会知政，而群盗奔秦焉。

（十）孔子自卫反鲁，息驾乎河梁而观焉。有悬水三十仞，圜流九十里，鱼鳖弗能游，鼋鼍弗能居。有一丈夫方将厉之。孔子使人并涯止之，曰："此悬水三千仞，圜流九十里，鱼鳖弗能游，鼋鼍弗居也。意者难可以济乎？"丈夫不以错意，遂度而出。孔子问之曰："巧乎？有道术乎？所以能入而出者，何也？"丈夫对曰："始吾之入也，先以忠信；及吾之出也，又从以忠信。忠信错吾躯于波流，而吾不敢用私，所以能入而复出者，以此也。"孔子谓弟子曰："二三子识之！水且犹可以忠信诚身亲之，而况人乎？"

（十一）白公问孔子曰："人可与微言乎？"孔子不应。白公问曰："若以石投水，何如？"孔子曰："吴之善没者能取之。"曰："若以水投水，何如？"孔子曰："淄、渑之合，易牙尝而知之。"白公曰："人固不可与微言乎？"孔子曰："何为不可？唯知言之谓者乎！夫知言之谓者，不以言言也。争鱼者濡，逐兽者趋，非乐之也。故至言去言，至为无为。夫浅知之所争者末矣。"白公不得已，遂死于浴室。

（十二）赵襄子使新穉穆子攻翟，胜之，取左人、中人；使遽人来谒之。襄子方食而有忧色。左右曰："一朝而两城下，此人之所喜也；今君有忧色。何也？"襄子曰："夫江河之大也，不过三日；飘风暴雨不终朝，日中不须臾。今赵氏之德行无所施于积，一朝而两城下，亡其及我哉！"孔子闻之曰："赵氏其昌乎！夫忧者所以为昌也，喜者所以为亡也。胜非其难者也，持之，其难者

241

也。贤主以此持胜，故其福及后世。齐、楚、吴、越皆尝胜矣，然卒取亡焉，不达乎持胜也。唯有道之主为能持胜。"孔子之劲，能拓国门之关，而不肯以力闻。墨子为守攻，公输般服，而不肯以兵知，故善持胜者以强为弱。

（十三）宋人有好行仁义者，三世不懈。家无故黑牛生白犊，以问孔子。孔子曰："此吉祥也，以荐上帝。"居一年，其父无故而盲。其牛又复生白犊，其父又复令其子问孔子。其子曰："前问之而失明，又何问乎？"父曰："圣人之言先迕后合。其事未究。姑复问之。"其子又复问孔子。孔子曰："吉祥也。"复教以祭，其子归致命。其父曰："行孔子之言也。"居一年，其子又无故而盲。其后楚攻宋，围其城；民易子而食之，析骸而炊之；丁壮者皆乘城而战，死者太半。此人以父子有疾皆免。及围解而疾俱复。

（十四）宋有兰子者，以技干宋元，宋元召而使见。其技以双枝，长倍其身，属其胫，并趋并驰，弄七剑迭而跃之，五剑常在空中。元君大惊，立赐金帛。又有兰子又能燕戏者，闻之，复以干元君。元君大怒曰："昔有异技干寡人者，技无庸，适值寡人有欢心，故赐金帛，彼必闻此而进复望吾赏。"拘而拟戮之，经月乃放。

（十五）秦穆公谓伯乐曰："子之年长矣，子姓有可使求马者乎？"伯乐对曰："良马可形容筋骨相也。天下之马者，若灭若没，若亡若失，若此者绝尘弭辙。臣之子皆下才也，可告以良马，不可告以天下之马也。臣有所与共担纆（mò）薪菜者，有

242

九方皋，此其于马非臣之下也。请见之。"穆公见之，使行求马。三月而反报曰："已得之矣，在沙丘。"穆公曰："何马也？"对曰："牝而黄。"使人往取之，牡而骊。穆公不说，召伯乐而谓之曰："败矣，子所使求马者！色物、牝牡尚弗能知，又何马之能知也？"伯乐喟然太息曰："一至于此乎！是乃其所以千万臣而无数者也。若皋之所观天机也，得其精而忘其粗，在其内而忘其外；见其所见，不见其所不见；视其所视，而遗其所不视。若皋之相者，乃有贵乎马者也。"马至，果天下之马也。

（十六）楚庄王问詹何曰："治国奈何？"詹何对曰："臣明于治身而不明于治国也。"楚庄王曰："寡人得奉宗庙社稷，愿学所以守之。"詹何对曰："臣未尝闻身治而国乱者也，又未尝闻身乱而国治者也。故本在身，不敢对以末。"楚王曰："善。"

（十七）狐丘丈人谓孙叔敖曰："人有三怨，子知之乎？"孙叔敖曰："何谓也？"对曰："爵高者，人妒之；官大者，主恶之；禄厚者，怨逮之。"孙叔敖曰："吾爵益高，吾志益下；吾官益大，吾心益小；吾禄益厚，吾施益博。以是免于三怨，可乎？"

（十八）孙叔敖疾，将死，戒其子曰："王亟封我矣，吾不受也。为我死，王则封汝，汝必无受利地！楚越之间有寝丘者，此地不利而名甚恶。楚人鬼而越人禨，可长有者唯此也。"孙叔敖死，王果以美地封其子。子辞而不受，请寝丘，与之，至今不失。

（十九）牛缺者，上地之大儒也，下之邯郸，遇盗于耦沙之中，尽取其衣装车，牛步而去。视之，欢然无忧吝（lìn）之色。

盗追而问其故。曰："君子不以所养害其所养。"盗曰："嘻！贤矣夫！"既而相谓曰："以彼之贤，往见赵君，使以我为，必困我。不如杀之。"乃相与追而杀之。燕人闻之，聚族相戒，曰："遇盗，莫如上地之牛缺也！"皆受教。俄而其弟适秦。至关下，果遇盗；忆其兄之戒，因与盗力争，既而不如，又追以卑辞请物，盗怒曰："吾活汝弘矣，而追吾不已，迹将箸焉。既为盗矣，仁将焉在？"遂杀之，又傍害其党四五人焉。

（二十）虞氏者，梁之富人也，家充殷盛，钱帛无量，财货无訾。登高楼，临大路，设乐陈酒，击博楼上。侠客相随而行。楼上博者射，明琼张中，反两撶（tà）鱼而笑。飞鸢适坠其腐鼠而中之。侠客相与言曰："虞氏富乐之日久矣，而常有轻易人之志。吾不侵犯之，而乃辱我以腐鼠。此而不报，无以立懂（qín）于天下。请与若等戮力一志，率徒属必灭其家为等伦！"皆许诺。至期日之夜，聚众积兵以攻虞氏，大灭其家。

（二一）东方有人焉，曰爰旌目，将有适也，而饿于道。狐父之盗曰丘，见而下壶餐以餔（bǔ）之。爰旌目三餔而后能视，曰："子何为者也？"曰："我狐父之人丘也。"爰旌目曰："嘻！汝非盗邪？胡为而食我？吾义不食子之食也。"两手据地而欧之，不出，喀喀然，遂伏而死。狐父之人则盗矣，而食非盗也。以人之盗因谓食为盗而不敢食，是失名实者也。

（二二）柱厉叔事莒敖公，自为不知己，去，居海上，夏日则食菱芰（jì），冬日则食橡栗。莒敖公有难，柱厉叔辞其友而往死之。其友曰："子自以为不知己，故去，今往死之，是知与不知无辨也。"柱厉叔曰："不然！自以为不知，故去。今死，是果不知我也。吾将死之，以丑后世之人主不知其臣者也。"凡知则死之，不知则弗死，此直道而行者也；柱厉叔可谓怼以忘其身者也。

（二三）杨朱曰："利出者实及，怨往者害来。发于此而应于外者唯请，是故贤者慎所出。"

（二四）杨子之邻人亡羊，既率其党，又请杨子之竖追之。杨子曰："嘻！亡一羊，何追者之众？"邻人曰："多歧路。"既反，问："获羊乎？"曰："亡之矣。"曰："奚亡之？"曰："歧路之中又有歧焉，吾不知所之，所以反也。"杨子戚然变容，不言者移时，不笑者竟日。门人怪之，请曰："羊，贱畜，又非夫子之有，而损言笑者，何哉？"杨子不答。门人不获所命。弟子孟孙阳出，以告心都子。心都子他日与孟孙阳偕入，而问曰："昔有昆弟三人，游齐、鲁之间，同师而学，进仁义之道而归。其父曰：'仁义之道若何？'伯曰：'仁义使我爱身而后名。'仲曰：'仁义使我杀身以成名。'叔曰：'仁义使我身名并全。'彼三术相反，而同出于儒。孰是孰非邪？"杨子曰："人有滨河而居者，习于水，勇于泅，操舟鬻渡，利供百口。裹粮就学者成徒，而溺死者几半。本学泅，不学溺，而利害如此。若以为孰是孰非？"心都子嘿然而出。孟孙阳让之曰："何吾子问之迂，夫子答之僻？吾惑愈甚。"心都子曰："大道以多歧亡羊，学者以多方丧生。学非本不同，非本不一，而末异若是。唯归同反一，为亡得丧。子长先生之门，习先生之道，而不达先生之况也，哀哉！"

（二五）杨朱之弟曰布，衣素衣而出。天雨，解素衣，衣缁衣而反。其狗不知，迎而吠之。杨布怒，将扑之。杨朱曰："子无扑矣！子亦犹是也。向者使汝狗白而往，黑而来，岂能无怪哉？"

（二六）杨朱曰："行善不以为名，而名从之；名不与利期，而利归之；利不与争期，而争及之；故君子必慎为善。"

（二七）昔人言有知不死之道者，燕君使人受之，不捷，而言者死。燕君甚怒，其使者将加诛焉。幸臣谏曰："人所忧者莫急乎死，己所重者莫过乎生。彼自丧其生，安能令君不死也？"乃不诛。有齐子亦欲学其道，闻言者之死，乃抚膺而恨。富子闻而笑之曰："夫所欲学不死，其人已死而犹恨之，是不知所以为学。"胡子曰："富子之言非也。凡人有术不能行者有矣，能行而无其术者亦有矣。卫人有善数者，临死，以诀喻其子。其子志其言而不能行也。他人问之，以其父所言告之。问者用其言而行其术，与其父无差焉。若然，死者奚为不能言生术哉？"

（二八）邯郸之民以正年之旦献鸠于简子，简子大悦，厚赏之。客问其故。简子曰："正旦放生，示有恩也。"客曰："民知君之欲放之，故竞而捕之，死者众矣；君如欲生之，不若禁民勿捕。捕而放之，恩过不相补矣。"简子曰："然。"

（二九）齐田氏祖于庭，食客千人。中坐有献鱼雁者，田氏视之，乃叹曰："天之于民厚矣！殖五谷，生鱼鸟以为之用。"众客和之如响。鲍氏之子年十二，预于次，进曰："不如君言。天地

246

万物与我并生，类也。类无贵贱，徒以小大智力而相制，迭相食；非相为而生之。人取可食者而食之，岂天本为人生？且蚊蚋嗜肤，虎狼食肉，非天本为蚊蚋生人、虎狼生肉者哉？"

（三十）齐有贫者，常乞于城市。城市患其亟也，众莫之与。遂适田氏之厩，从马医作役而假食。郭中人戏之曰："从马医而食，不以辱乎？"乞儿曰："天下之辱莫过于乞，乞犹不辱，岂辱马医哉？"

（三一）宋人有游于道、得人遗契者，归而藏之，密数其齿。告邻人曰："吾富可待矣。"

（三二）人有枯梧树者，其邻父言枯梧之树不祥，其邻人遽而伐之。邻人父因请以为薪。其人乃不悦，曰："邻人之父徒欲为薪而教吾伐之也。与我邻，若此其险，岂可哉？"

（三三）人有亡鈇（fú）者，意其邻之子，视其行步，窃鈇也；颜色，窃鈇也；言语，窃鈇也；动作态度，无为而不窃鈇也。俄而抇（hú）其谷而得其鈇，他日复见其邻人之子，动作态度无似窃鈇者。

（三四）白公胜虑乱，罢朝而立，倒杖策，锬（zhuì）上贯颐，血流至地而弗知也。郑人闻之曰："颐之忘，将何不忘哉？"意之所属箸，其行足蹠株坎，头抵植木，而不自知也。

（三五）昔齐人有欲金者，清旦衣冠而之市，适鬻金者之所，因攫其金而去，吏捕得之，问曰："人皆在焉，子攫人之金何？"对曰："取金之时，不见人，徒见金。"

《中国历代经典宝库》总目